围棋手筋
二选一 从入门到精通
（级位篇）

赵守洵 著

超简单！一学就会
·随书附赠·
60节课 教学视频

U0745802

人民邮电出版社

北京

图书在版编目（CIP）数据

围棋手筋二选一从入门到精通. 级位篇 / 赵守洵著
. -- 北京：人民邮电出版社，2020.7
ISBN 978-7-115-53644-0

Ⅰ. ①围… Ⅱ. ①赵… Ⅲ. ①围棋－对局（棋类运动
）－习题集 Ⅳ. ①G891.3-44

中国版本图书馆CIP数据核字(2020)第045824号

免责声明

作者和出版商都已尽可能确保本书技术上的准确性以及合理性，并特别声明，不会承担由于使用本出版物中的材料而遭受的任何损伤所直接或间接产生的与个人或团体相关的一切责任、损失或风险。

内 容 提 要

本书是由少儿围棋教育专家、职业五段棋手赵守洵专为围棋初学者创作。本书按照学习手筋的思维逻辑，分别介绍了如何吃掉对方的棋筋以及如何利用倒脱靴、联络以及金鸡独立在对局中获取优势，内容涵盖从围棋入门到业余1级所需要掌握的主要手筋知识。本书的题目难度循序渐进，讲解层层推进，以抽丝剥茧的方式为读者梳理出清晰的解题思路，能够引发思考，开拓思路，帮助读者获得举一反三的学习效果，有效提升棋艺。

◆ 著　　　　赵守洵
　责任编辑　裴　倩
　责任印制　周昇亮

◆ 人民邮电出版社出版发行　　北京市丰台区成寿寺路 11 号
　邮编　100164　　电子邮件　315@ptpress.com.cn
　网址　https://www.ptpress.com.cn
　大厂聚鑫印刷有限责任公司印刷

◆ 开本：880×1230　1/32
　印张：6.625　　　　　　　　2020 年 7 月第 1 版
　字数：172 千字　　　　　　 2020 年 7 月河北第 1 次印刷

定价：35.00 元

读者服务热线：(010)81055296　印装质量热线：(010)81055316
反盗版热线：(010)81055315
广告经营许可证：京东工商广登字 20170147 号

目录

教学视频访问说明

　　本书提供部分习题的教学视频，您可以通过微信中"扫一扫"的功能，扫描本页的二维码进行观看。

步骤 1　点击微信聊天界面右上角的"+"，弹出功能菜单（如图 1 所示）。

步骤 2　点击弹出的功能菜单中的"扫一扫"进入功能界面，扫描本页的二维码。

步骤 3　如果您未关注"人邮体育"公众号，在第一次扫描后会出现"人邮体育"的二维码（如图 2 所示）。关注"人邮体育"公众号之后，点击"资源详情"（如图 3 所示）即可观看教学视频。

　　如果您已经关注了"人邮体育"微信公众号，扫描后可以直接观看教学视频。

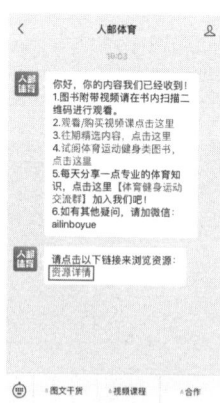

图 1　　　　　　　图 2　　　　　　　图 3

第 1 章

吃掉对方的棋筋

本章的主题是如何吃掉对方的棋筋。在对局中，有些棋子起到至关重要的作用，这样的棋子，我们称之为"棋筋"。吃掉棋筋，往往能让自己危险的棋子获救。想成为高手，学会如何吃掉对方的棋筋是必须面对的挑战。

小贴士

本章涉及的题目有一些难度，需要仔细计算。有些题目甚至很具迷惑性，我们需要观察自己的棋形，根据棋形来决定对策。值得注意的是，如果自身"气紧"，或者封锁并不严密，则需要下出更大胆的"手筋"来解决问题。

Q1 第1题(黑先)

难度：★★

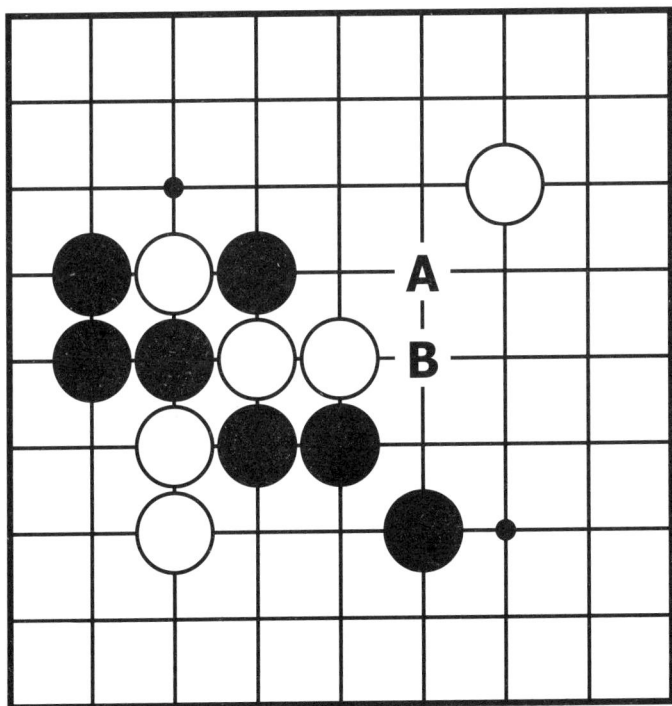

A

B

想一想，下在哪里能吃掉棋筋？在正确选项后面的括号中画「√」。

A(　　)　　B(　　)

正解

◯

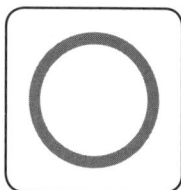

黑 1 选择正确。
直接枷吃是此时
的好手，可以吃
掉白棋筋。

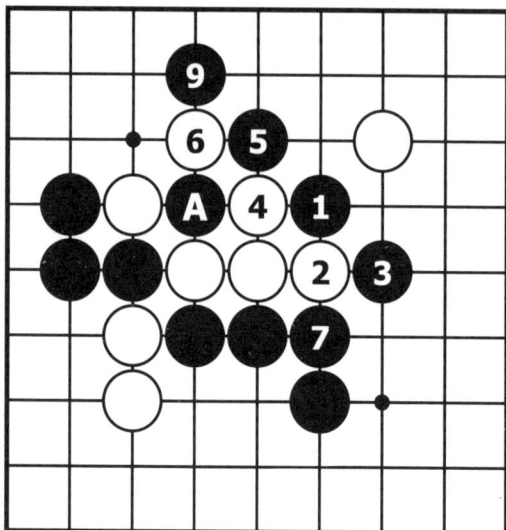

⑧ = Ⓐ

错解

✕

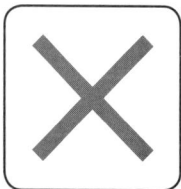

黑 1 选择错误。
白 2 之后可以跑
出，黑棋失败。

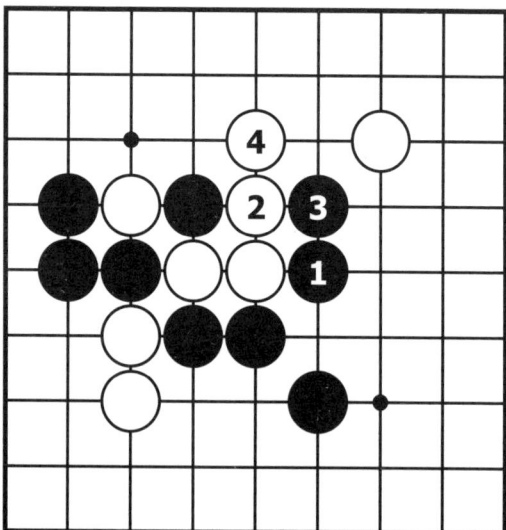

2 第2题（黑先）

难度：★★

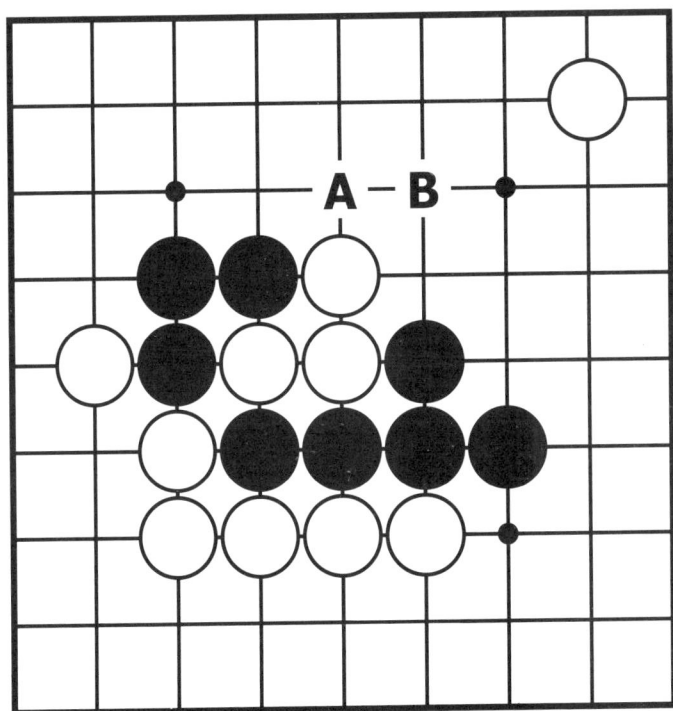

想一想，下在哪里能吃掉棋筋？在正确选项后面的括号中画「√」。

A（　　）　　B（　　）

正解

◯

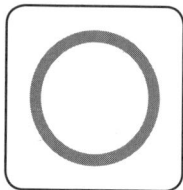

黑 1 选择正确。
先打吃，再枷
吃是此时的好
手，可以吃掉白
棋筋。

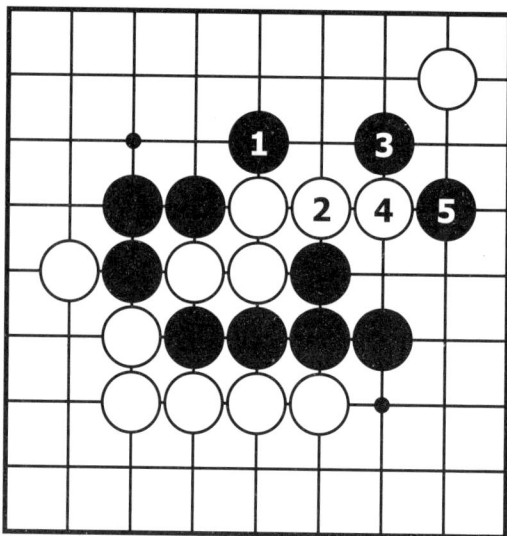

错解

✕

黑 1 选择错误。
白 2 之后可以跑
出，黑棋失败。

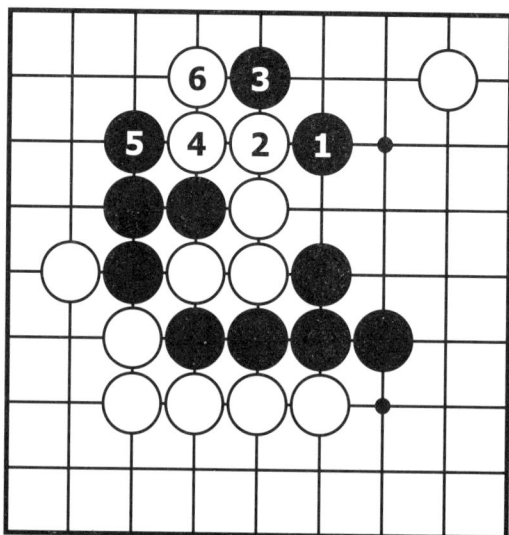

Q3 第 3 题（黑先）

难度：★

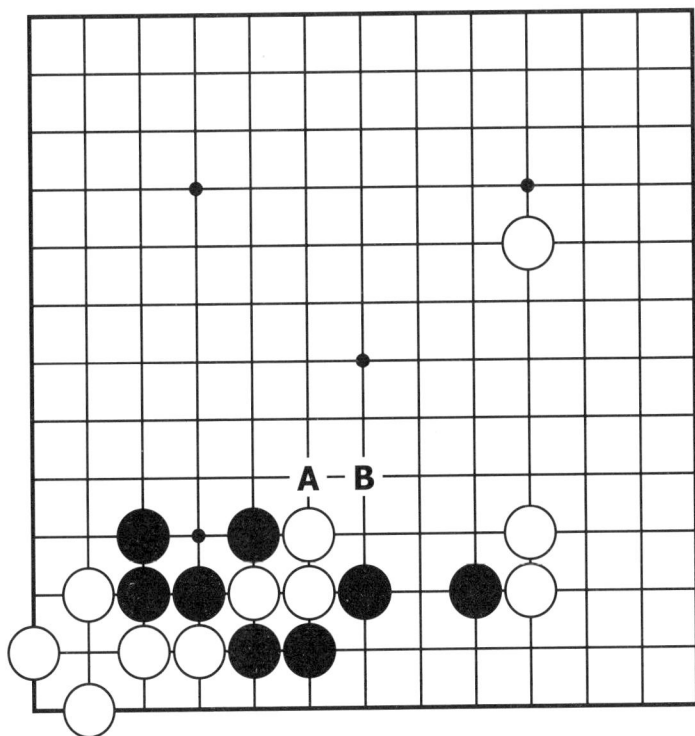

A B

想一想，下在哪里能吃掉棋筋？在正确选项后面的括号中画「√」。

A（　　）　　B（　　）

正解

〇

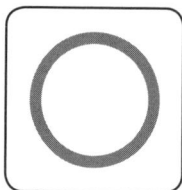

黑 1 选择正确。
先打吃，再枷
吃是此时的好
手，可以吃掉白
棋筋。

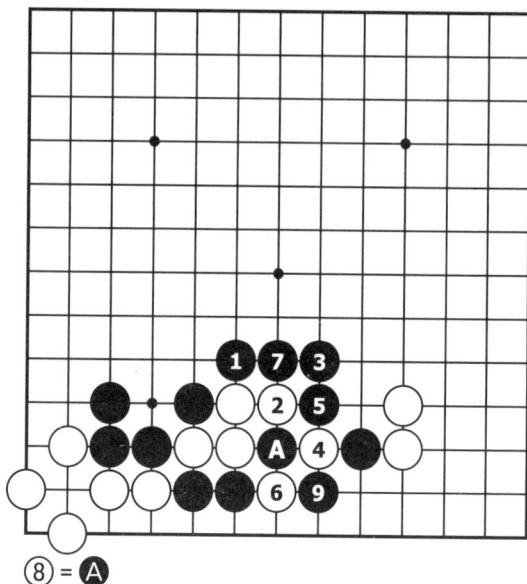

⑧ = Ⓐ

错 解

✕

黑 1 选择错误。
白 2 之后可以跑
出，黑棋失败。

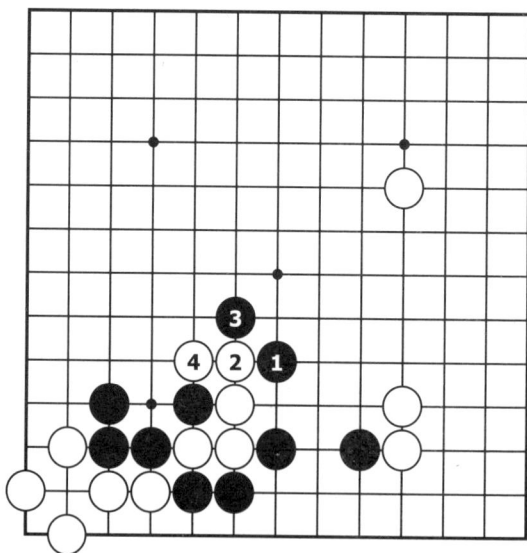

Q4 第4题（黑先）

难度：★★★

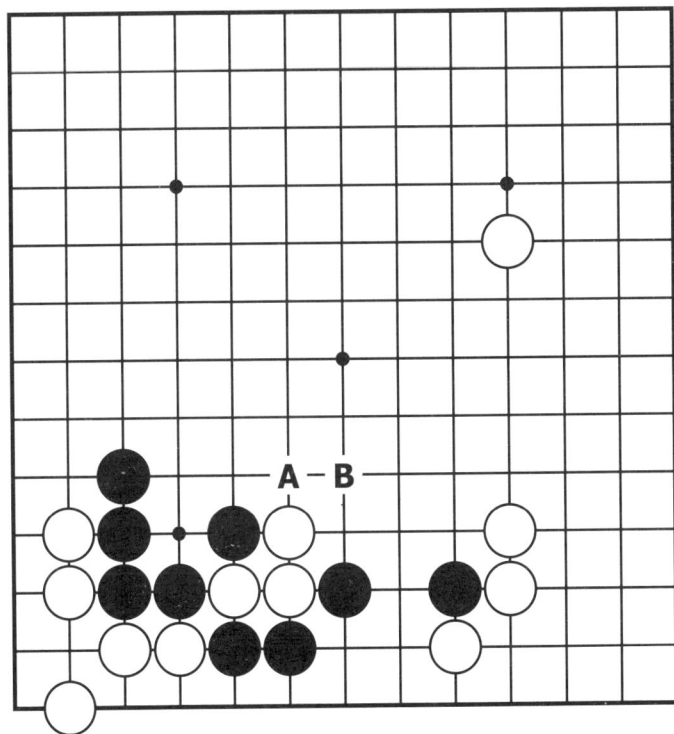

想一想，下在哪里能吃掉棋筋？在正确选项后面的括号中画「✓」。

A（　　）　　B（　　）

正解 ⭕

黑 1 选择正确。直接枷吃是此时的好手，可以吃掉白棋筋。

错解 ❌

黑 1 选择错误。白 2 之后可以跑出，黑棋失败。

5 第5题（黑先）

难度：★★★

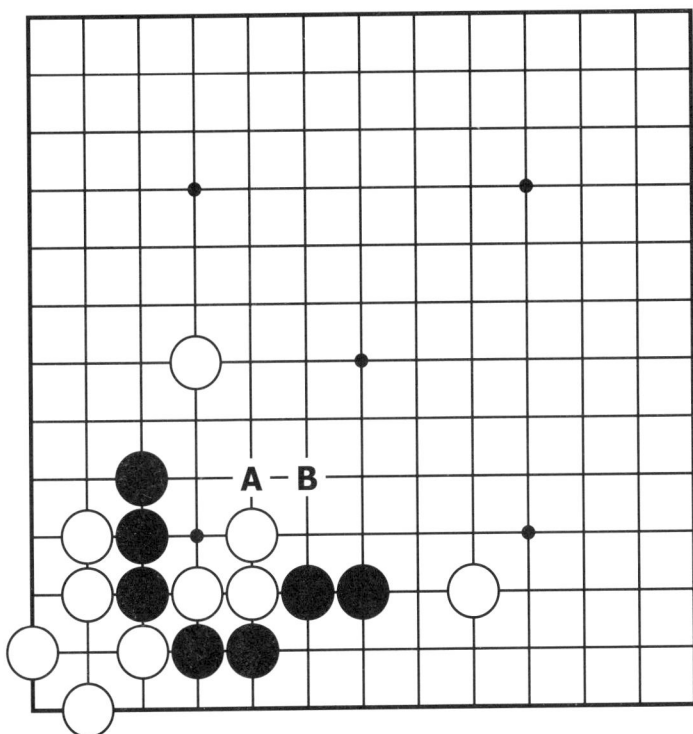

A－B

A（　　） B（　　）

15

正解

黑1选择正确。直接枷吃是此时的好手，可以吃掉白棋筋。

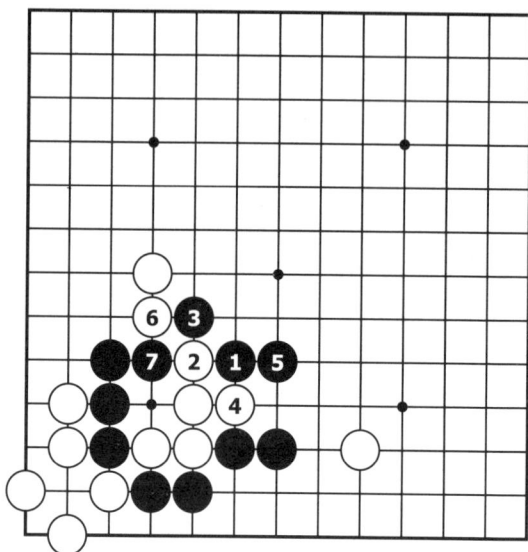

错解

黑1选择错误。白2之后可以跑出，黑棋失败。

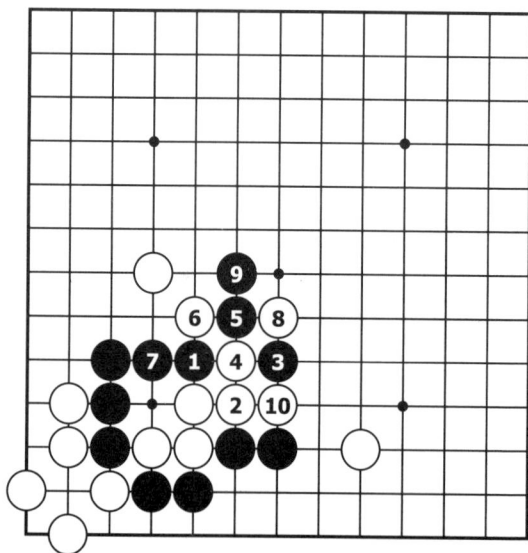

6 第6题（黑先）

难度：★ ★ ★ ★

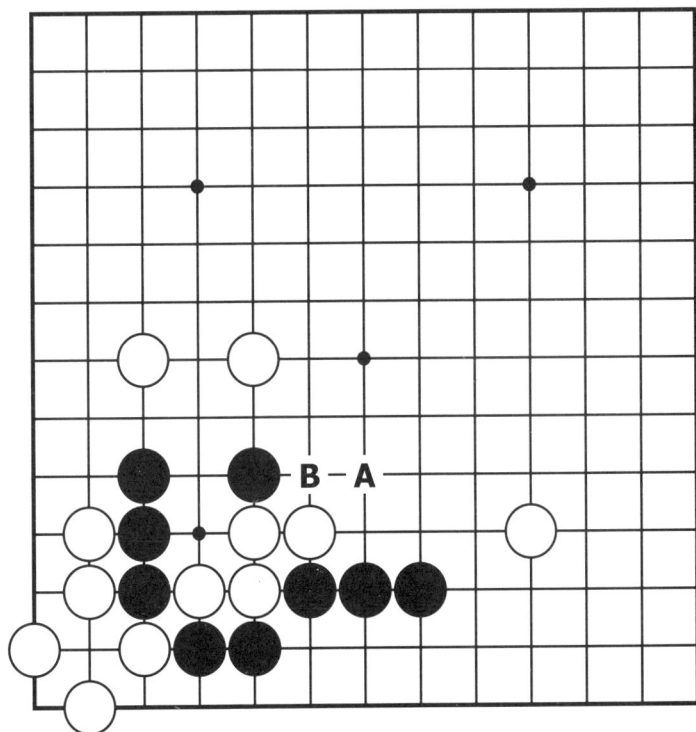

想一想，下在哪里能吃掉棋筋？在正确选项后面的括号中画「√」。

A（　　）　　B（　　）

正 解

○

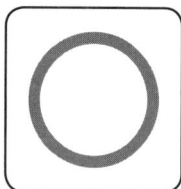

黑 1 选择正确。
直接枷吃是此时
的好手，可以吃
掉白棋筋。

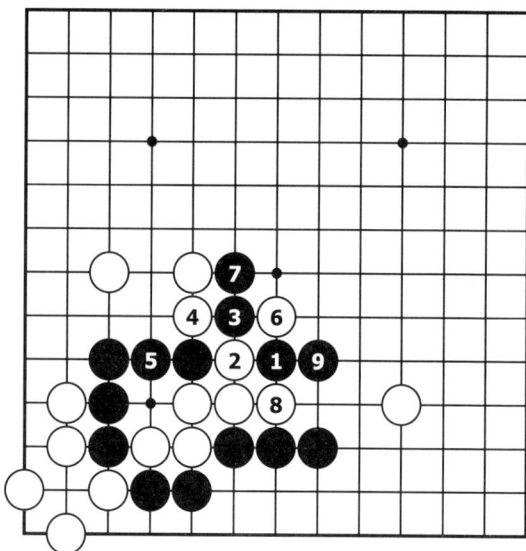

错 解

×

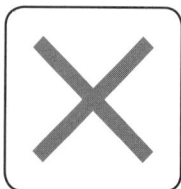

黑 1 选择错误。
由于自身气紧，
白 2 之后可以跑
出，黑棋失败。

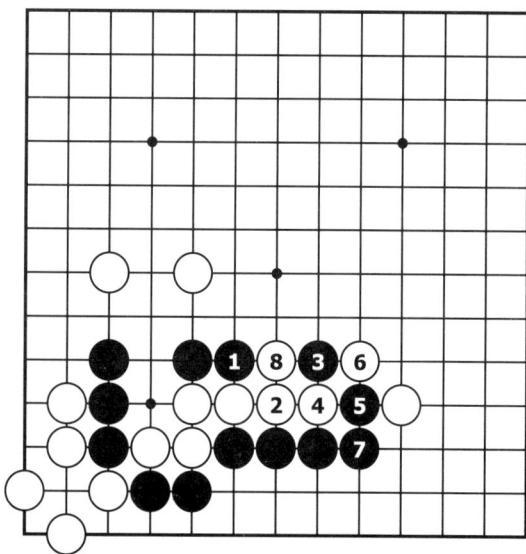

7 第 7 题（黑先）

难度：★ ★ ★

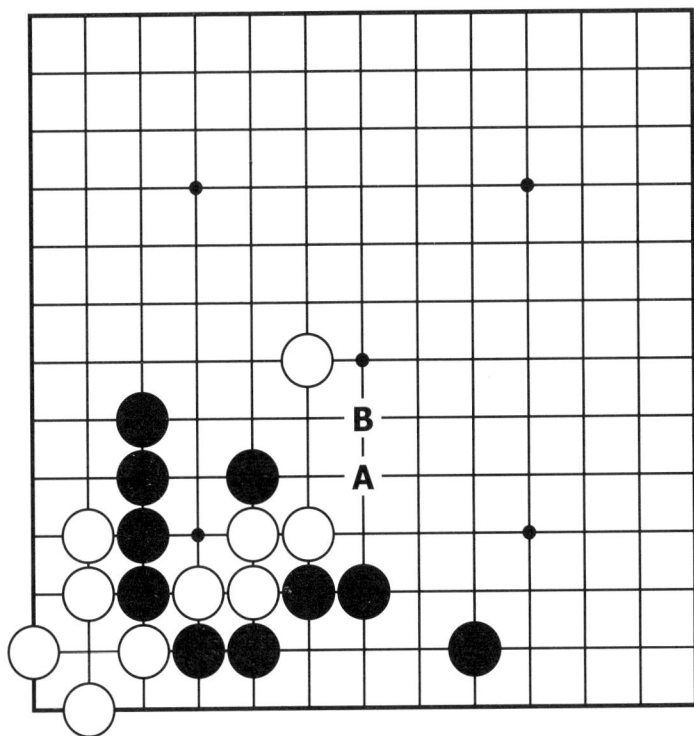

想一想，下在哪里能吃掉棋筋？在正确选项后面的括号中画「√」。

A（　　）　　　B（　　）

正解

◯

黑 1 选择正确。小飞是此时的妙手，可以吃掉白棋筋。

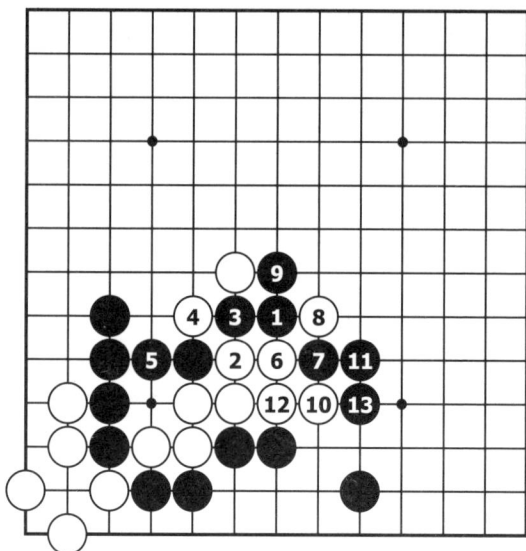

错解

✕

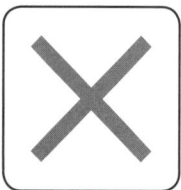

黑 1 选择错误。由于自身气紧，白 2 之后可以跑出，黑棋失败。

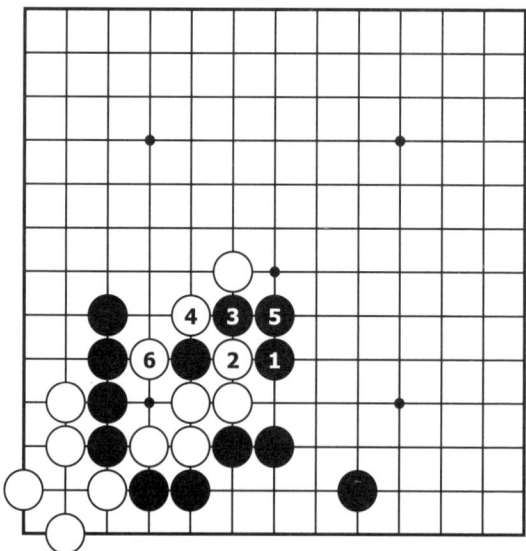

Q8 第8题（黑先）

难度：★ ★ ★

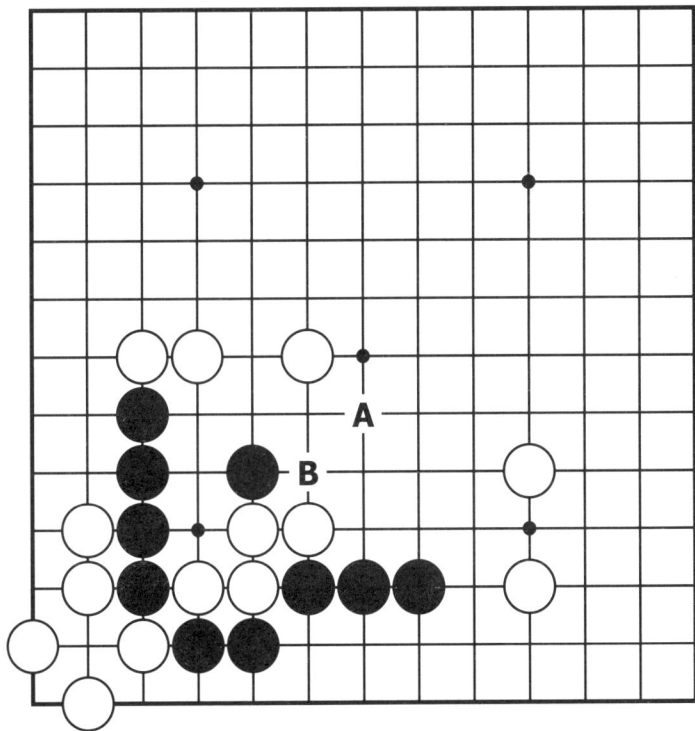

算一算，下在哪里能吃掉棋筋？在正确选项后面的括号中画「∨」。

A（　　）　　B（　　）

正解

⭕

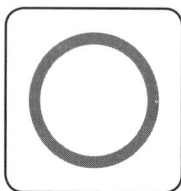

黑 1 选择正确。
先贴再枷吃是此
时的好手，可以
吃掉白棋筋。

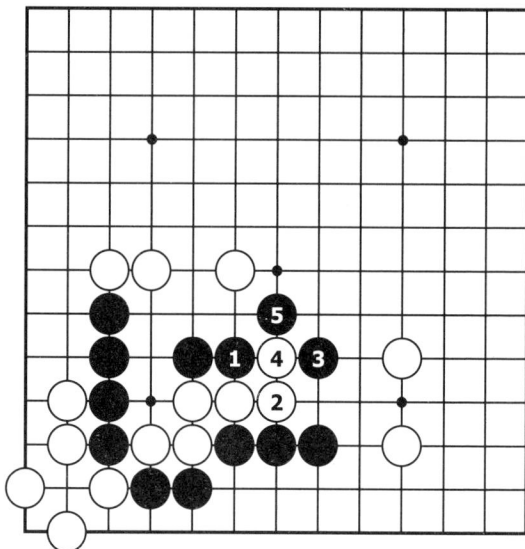

错解

❌

黑1选择错误。由
于自身气紧，白2
之后可以反杀黑
棋，黑棋失败。

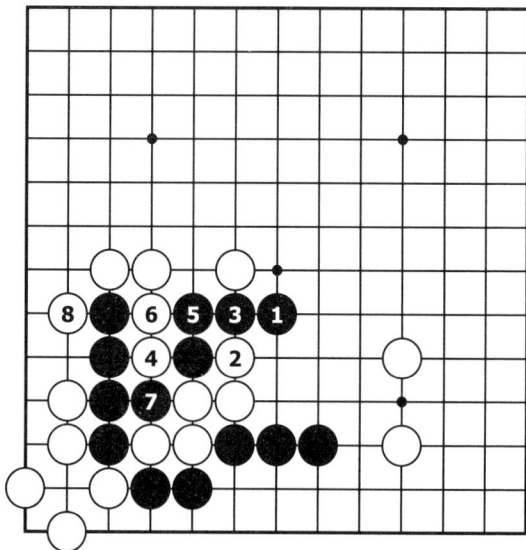

22

9 第9题（黑先）

难度：★★★★★

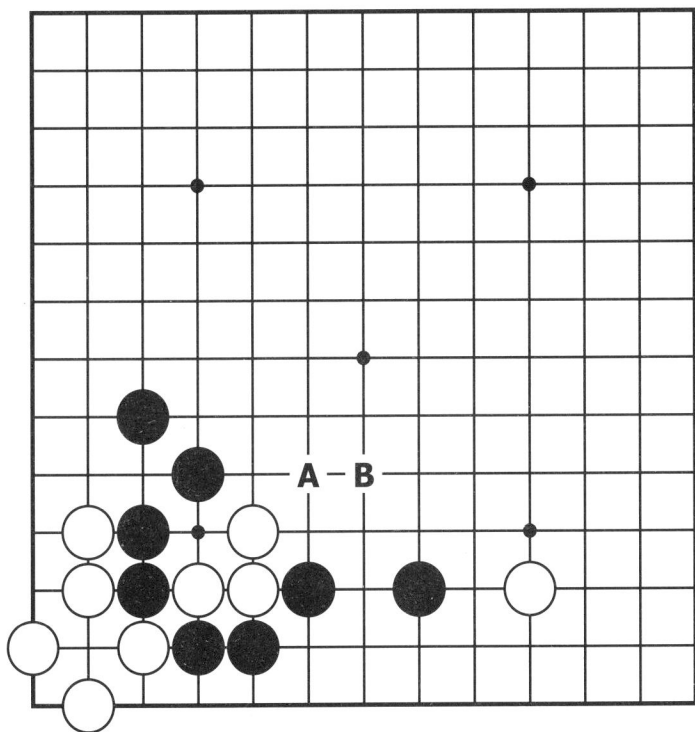

算一算，下在哪里能吃掉棋筋？在正确选项后面的括号中画「∨」。

A（　　）　　B（　　）

正 解

◯

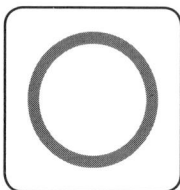

黑 1 选择正确。
小飞是此时的好
手，可以吃掉白
棋筋。

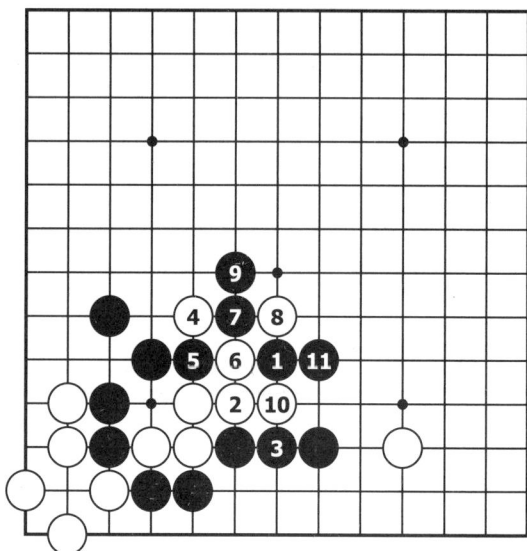

错 解

✕

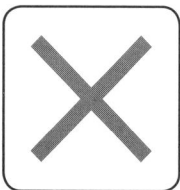

黑 1 选择错误。
由于自身气紧，
白 2 之后形成打
劫，黑棋失败。

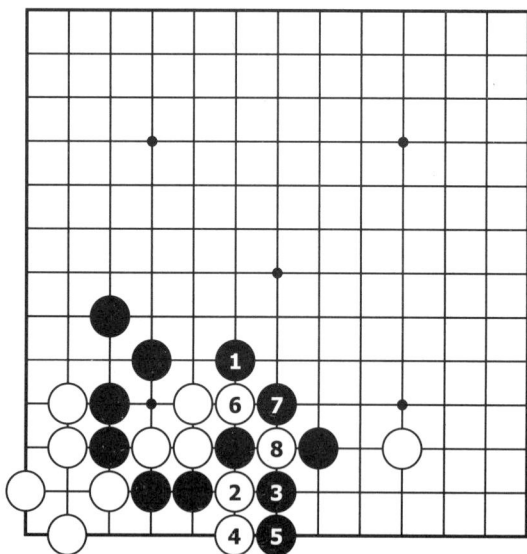

10 第 10 题（黑先）

难度：★ ★

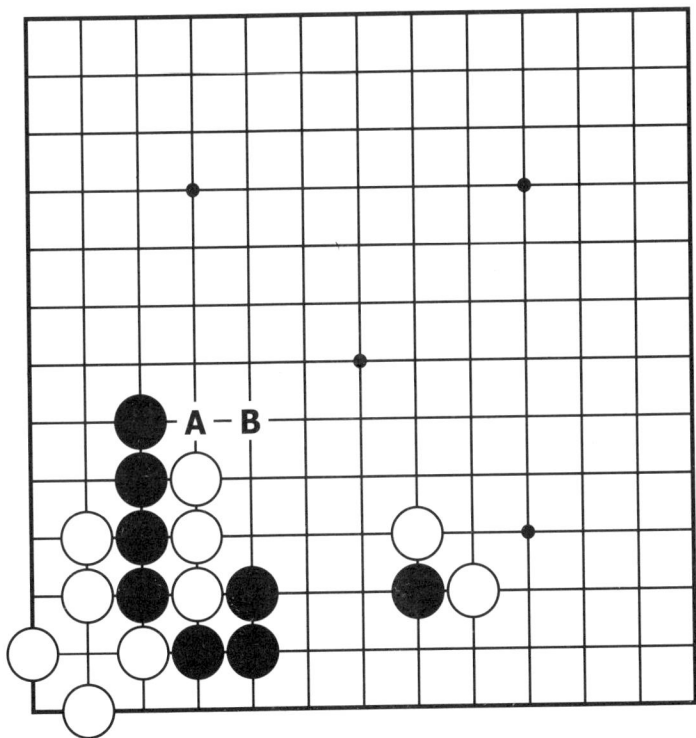

算一算，下在哪里能吃掉棋筋？在正确选项后面的括号中画「√」。

A（　　　）　　　B（　　　）

正 解

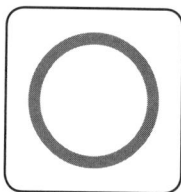

黑 1 选择正确。
直接枷吃是此时
的好手，可以吃
掉白棋筋。

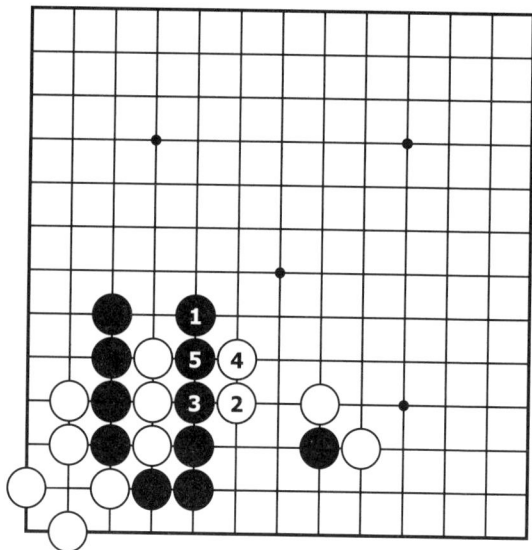

错 解

黑 1 选择错误。
由于自身气紧，
白 2 之后可以跑
出，黑棋失败。

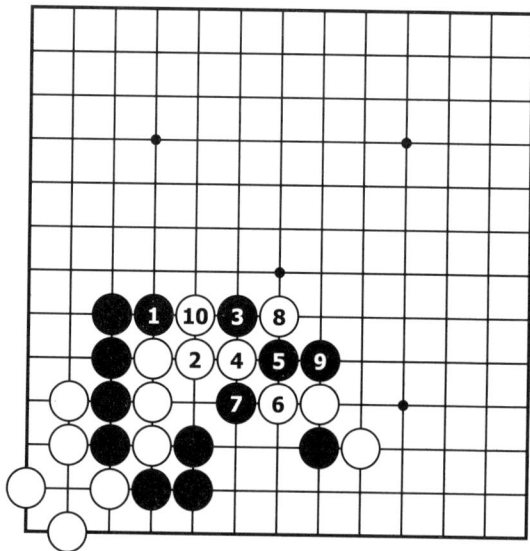

Q11 第11题（黑先）

难度：★ ★ ★

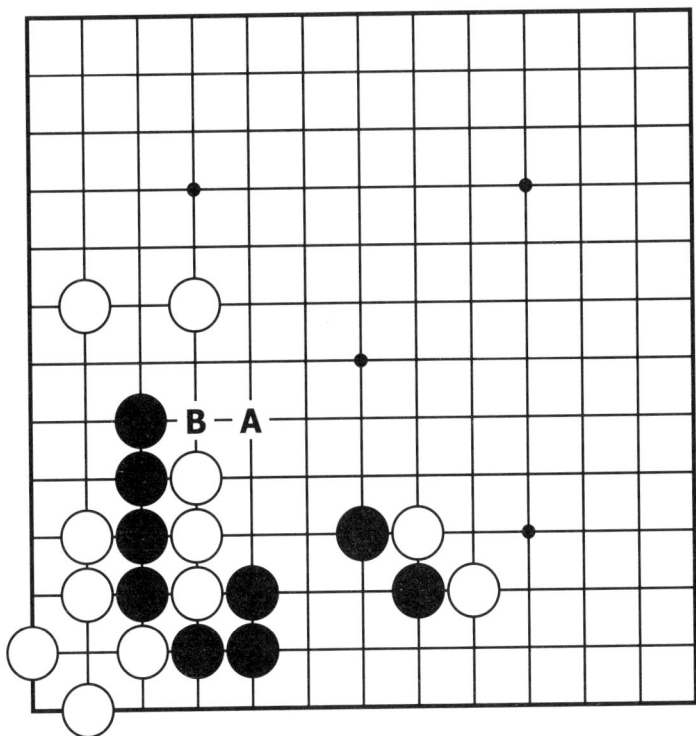

算一算，下在哪里能吃掉棋筋？在正确选项后面的括号中画「√」。

A（　　）　　B（　　）

正解

〇

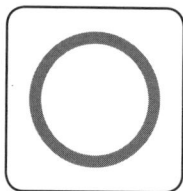

黑 1 选择正确。
先拐再枷吃是此
时的好手，可以
吃掉白棋筋。

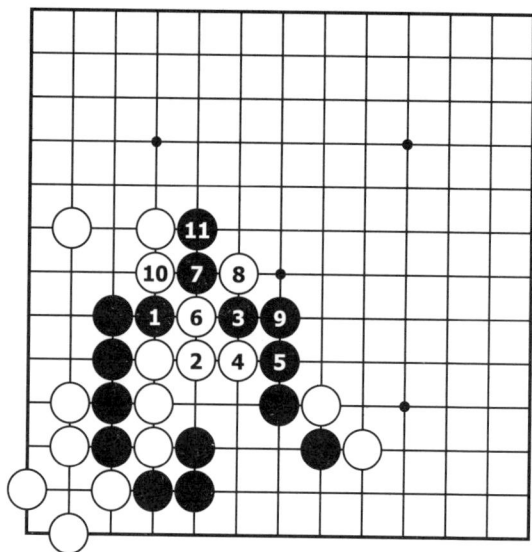

错解

✕

黑 1 选择错误。由
于自身气紧，白 2
之后可以反杀黑
棋，黑棋失败。

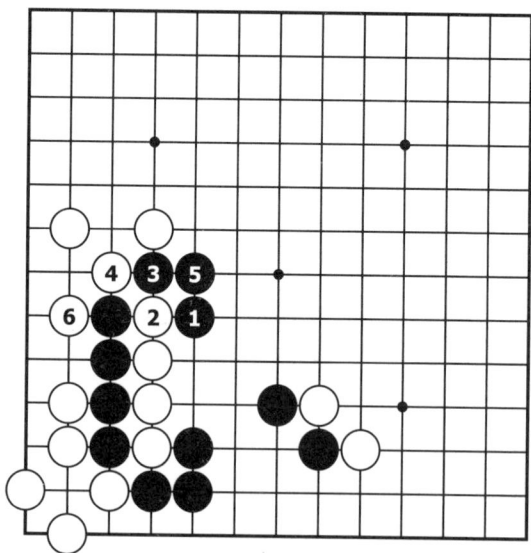

12 第 12 题（黑先）

难度：★★★

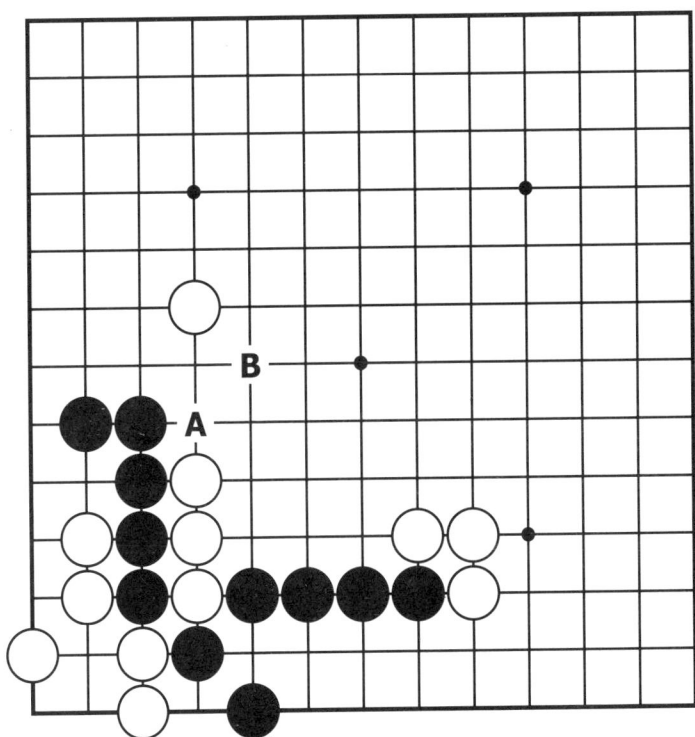

算一算，下在哪里能吃掉棋筋？在正确选项后面的括号中画「√」。

A（　　　）　　　B（　　　）

正解

○

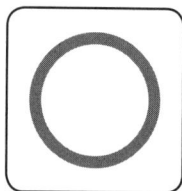

黑 1 选择正确。小
飞是此时的妙手。
过程中黑 5 连扳
是好棋，如此可
以吃掉白棋筋。

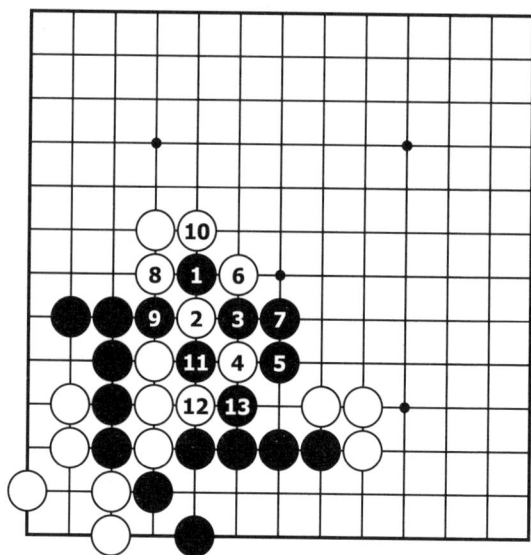

错解

✗

黑 1 选择错误。
由于自身气紧，
白 2 之后可以跑
出，黑棋失败。

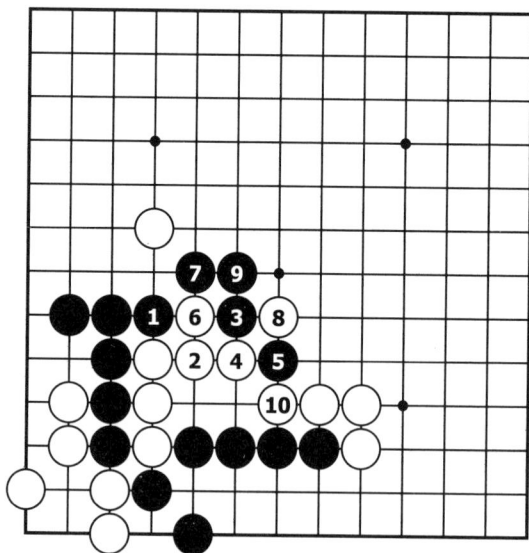

Q 13 第 13 题 (黑先)

难度：★ ★ ★

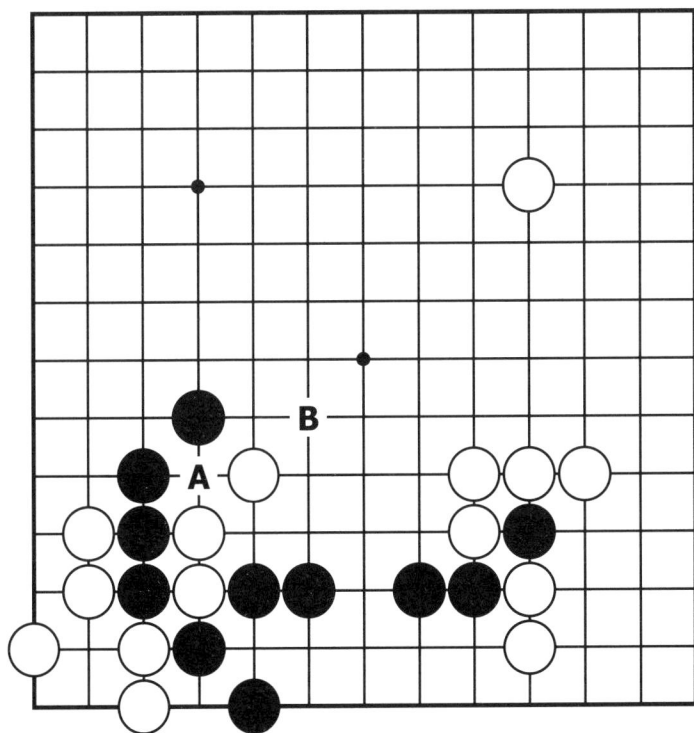

A (　　)　　B (　　)

正　解

黑 1 选择正确。先打吃再枷吃是此时的好手，可以吃掉白棋筋。

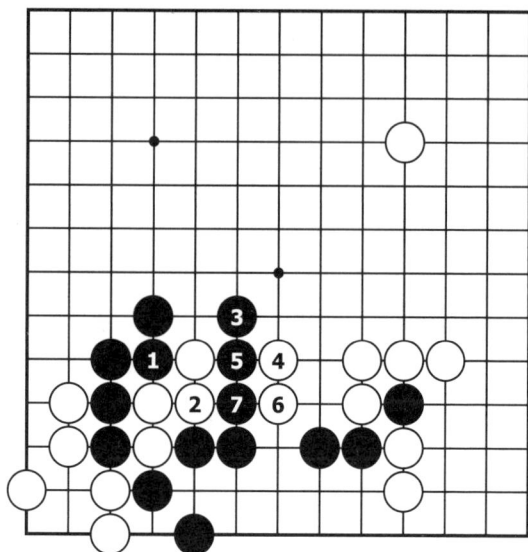

错　解

黑 1 选择错误。由于自身气紧，白 2 之后可以跑出，黑棋失败。

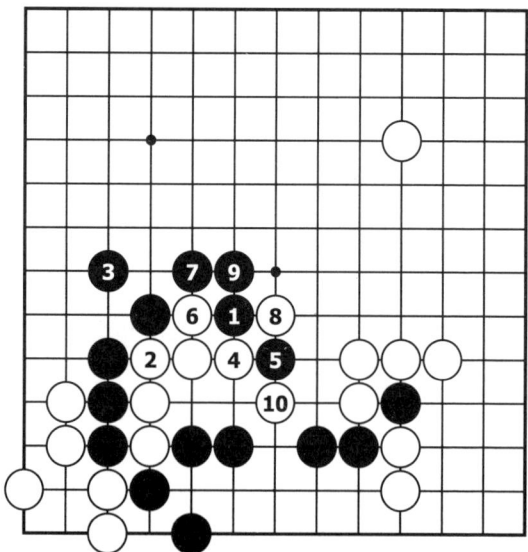

14 第14题（黑先）

难度：★★★

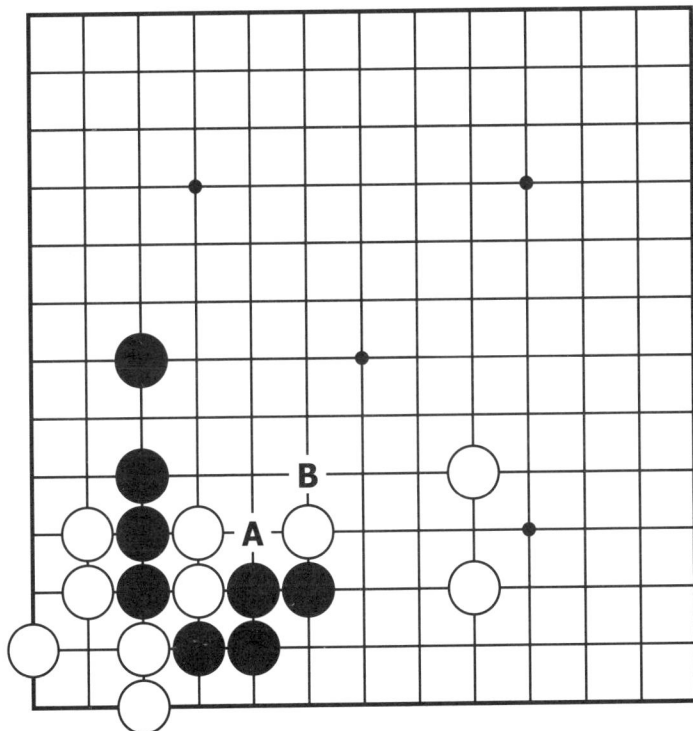

算一算，下在哪里能吃掉棋筋？在正确选项后面的括号中画「✓」。

A（　　） 　　B（　　）

正 解

◯

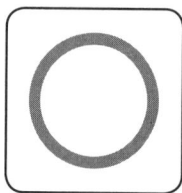

黑 1 选择正确。
直接枷吃是此时
的好手，可以吃
掉白棋筋。

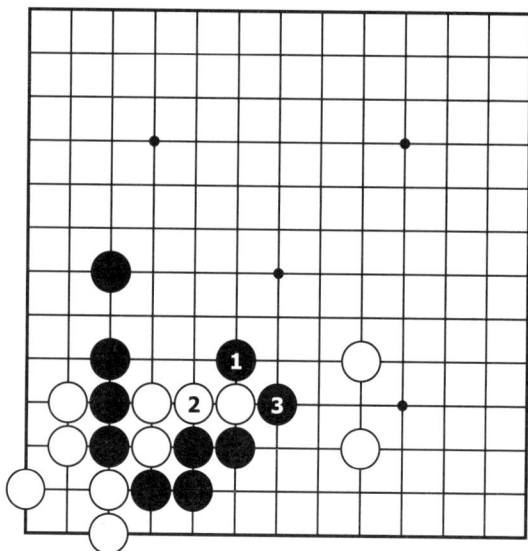

错 解

✕

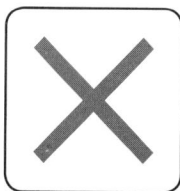

黑 1 选择错误。
白 2 之后可以跑
出，黑棋失败。

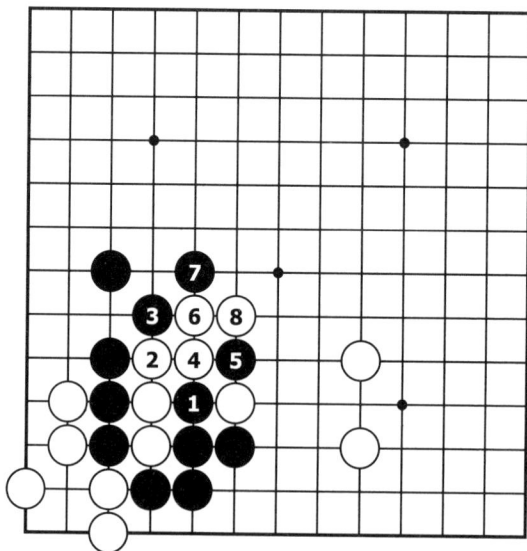

15 第15题(黑先)

难度：★★★★★

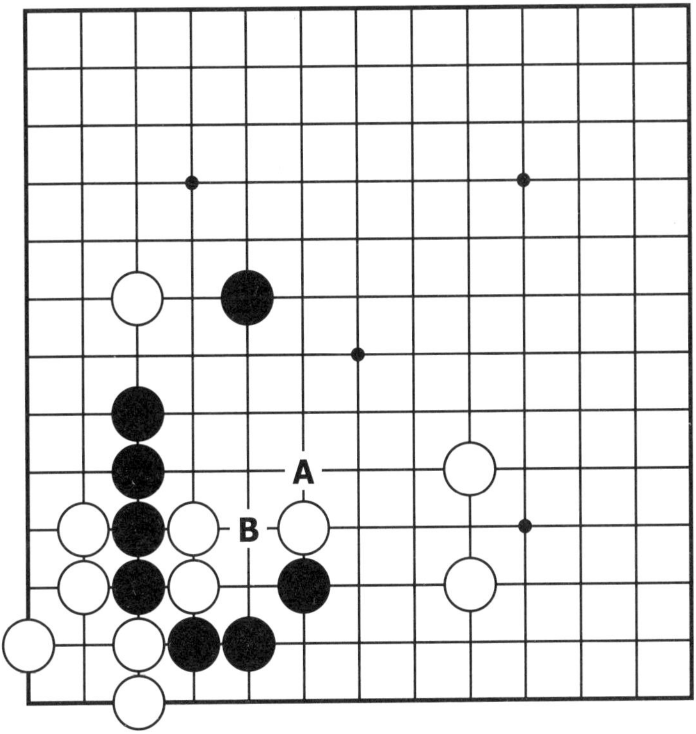

算一算，下在哪里能吃掉棋筋？在正确选项后面的括号中画「✓」。

A（　　）　　B（　　）

正 解

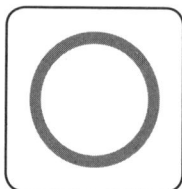

黑 1 选择正确。
先挖收紧白气再
枷吃是此时的好
手，可以吃掉白
棋筋。

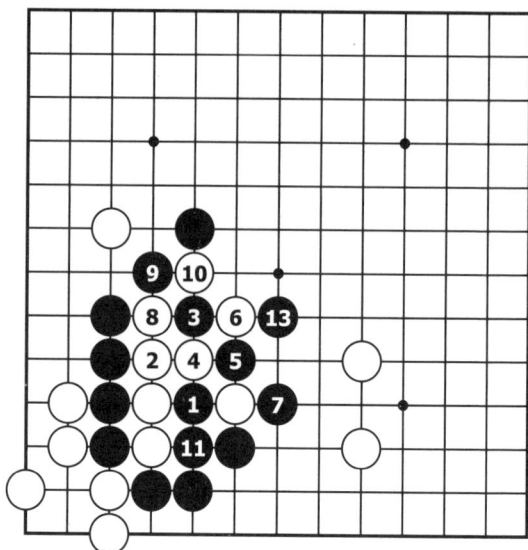

⑫ = ❸

错 解

黑 1 选择错误。
白 2 之后可以跑
出，黑棋失败。

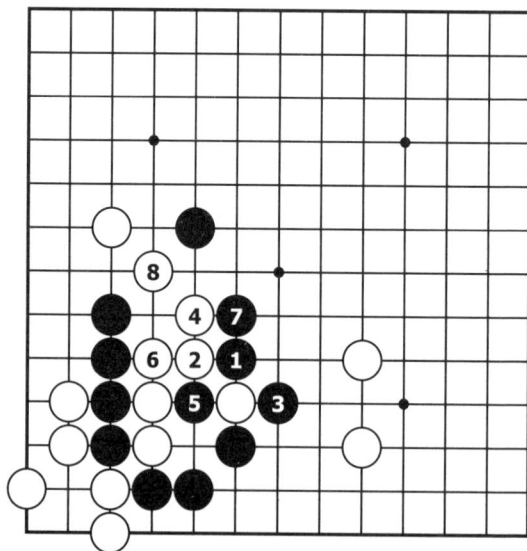

16 第16题（黑先）

难度：★ ★ ★

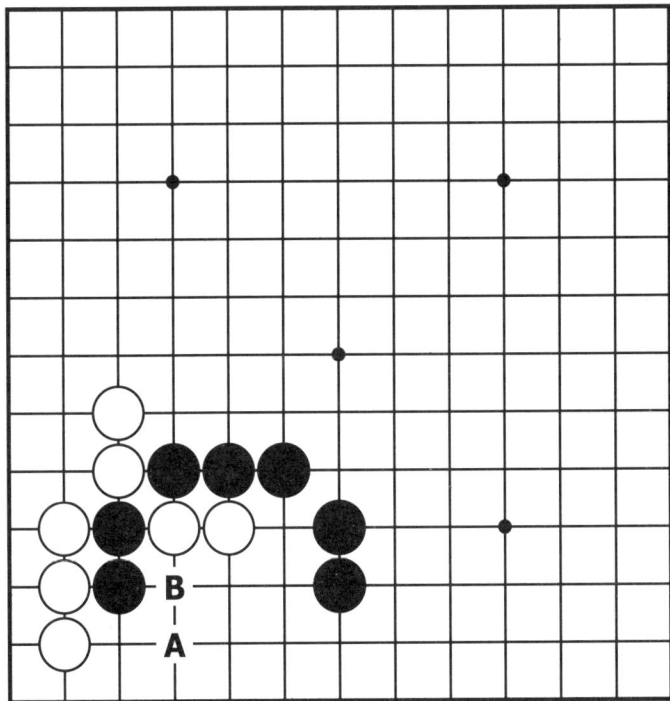

算一算，下在哪里能吃掉棋筋？在正确选项后面的括号中画「✓」。

A（　　）　　B（　　）

正 解

○

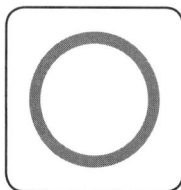

黑 1 选择正确。
小尖是此时的好
手, 可以吃掉白
棋筋。

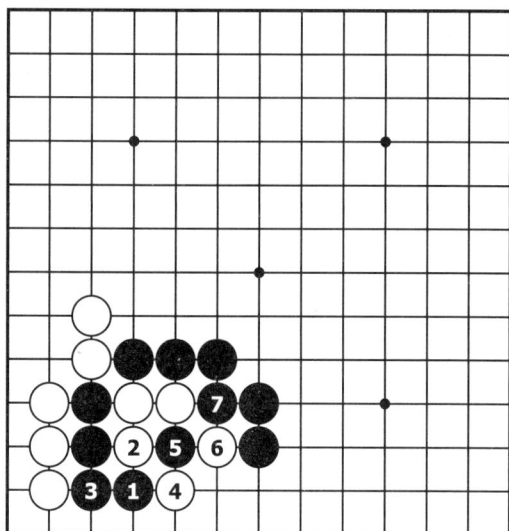

错 解

✕

黑 1 选择错误。由
于自身气紧, 白 2
之后可以反杀黑
棋, 黑棋失败。

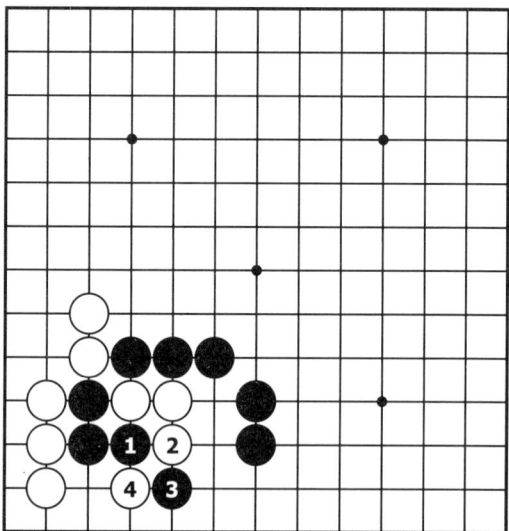

17 第 17 题（黑先）

难度：★ ★ ★

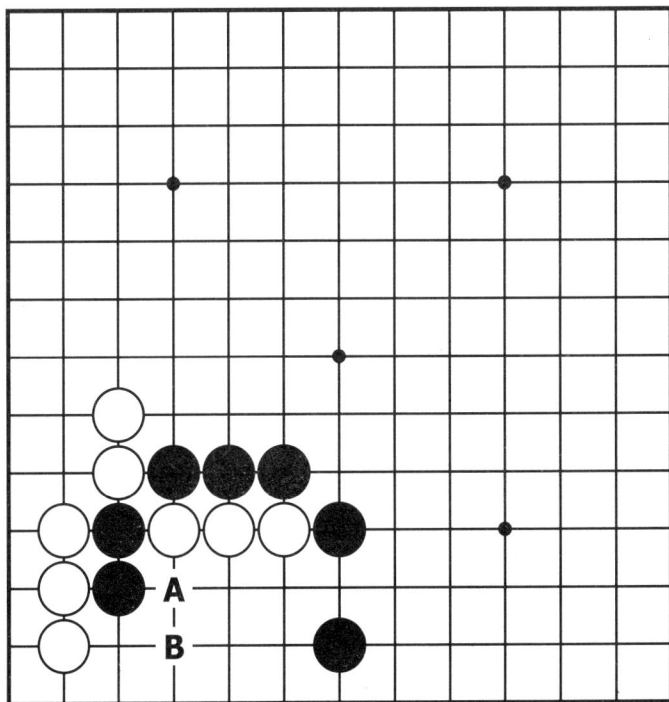

算一算，下在哪里能吃掉棋筋？在正确选项后面的括号中画「√」。

A（　　）　　B（　　）

正 解

黑1选择正确。
直接拐是此时的
好手，可以吃掉
白棋筋。

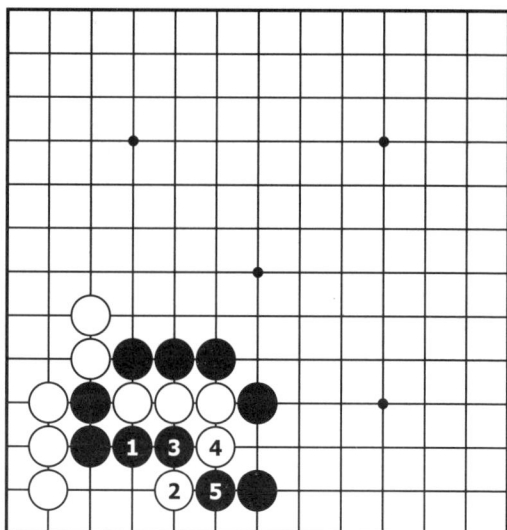

错 解

黑1选择错误。由
于自身气紧，白2
之后可以反杀黑
棋，黑棋失败。

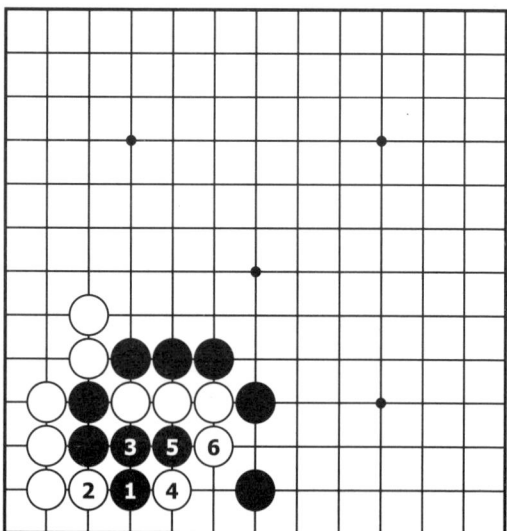

40

18 第18题（黑先）

难度：★★★★

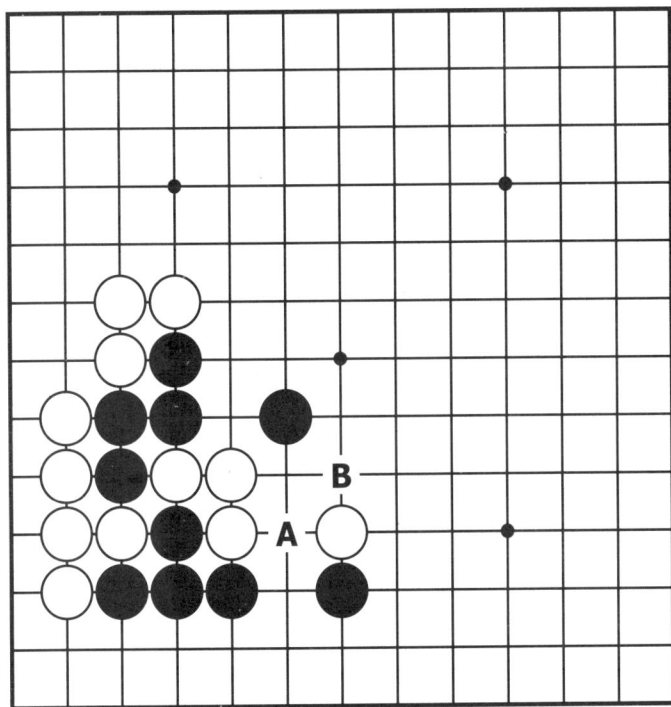

算一算，下在哪里能吃掉棋筋？在正确选项后面的括号中画「∨」。

A（　　）　　B（　　）

正解

⭕

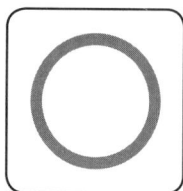

黑 1 选择正确。
挖吃是此时的好
手，以下进程形
成打劫。

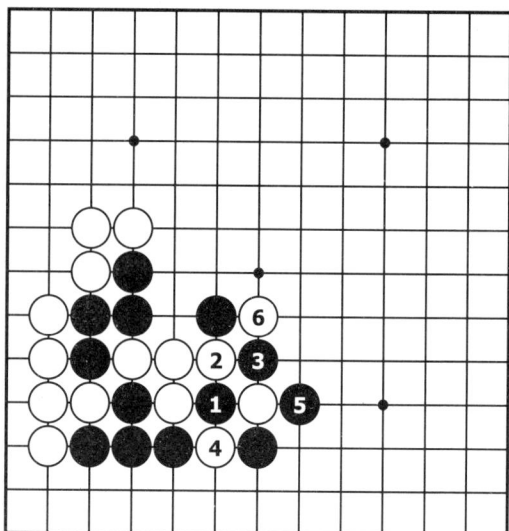

❼ = ❶

错解

❌

黑 1 选择错误。由
于自身气紧，白 2
之后可以反杀黑
棋，黑棋失败。

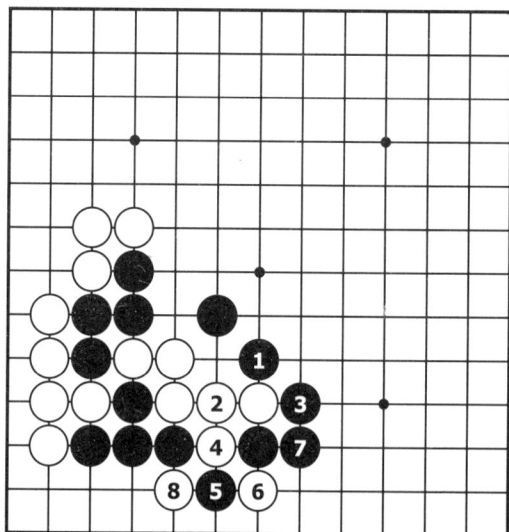

19 第19题（黑先）

难度：★★★

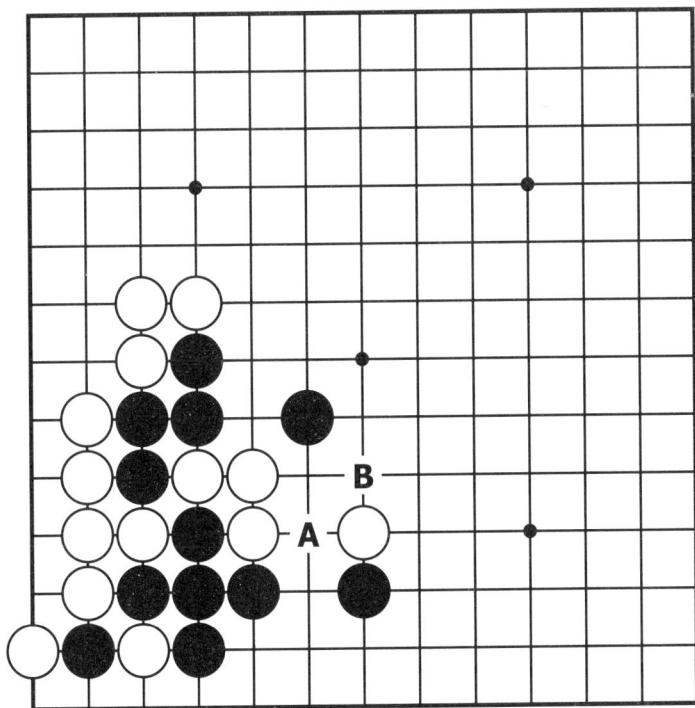

算一算，下在哪里能吃掉棋筋？在正确选项后面的括号中画「∨」。

A（　　） B（　　）

正解

○

黑1选择正确。
小尖是此时的好
手，可以吃掉白
棋筋。

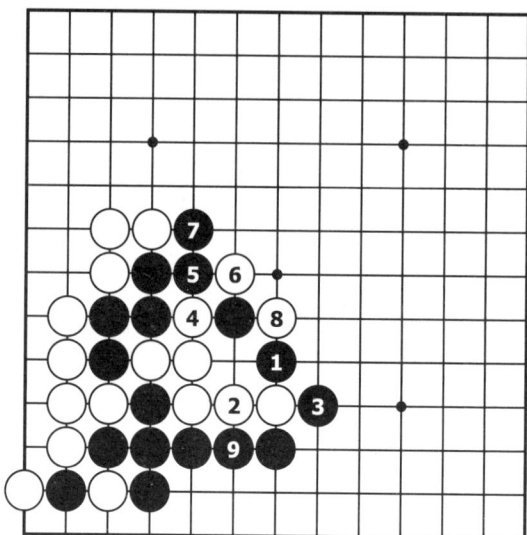

错解

✕

黑1选择错误。
由于自身气紧，
白2之后形成打
劫，黑棋失败。

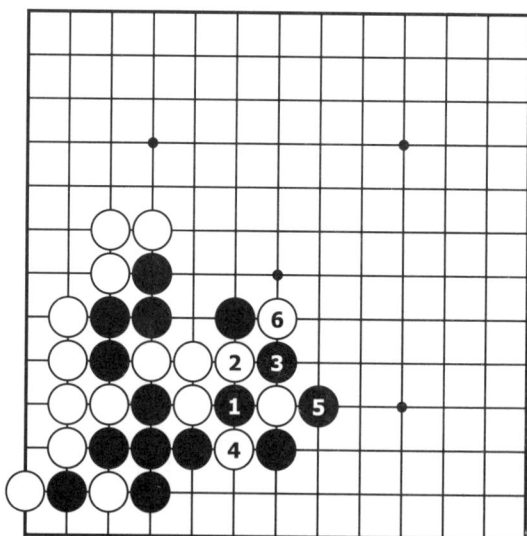

Q20 第20题（黑先）

难度：★★★★

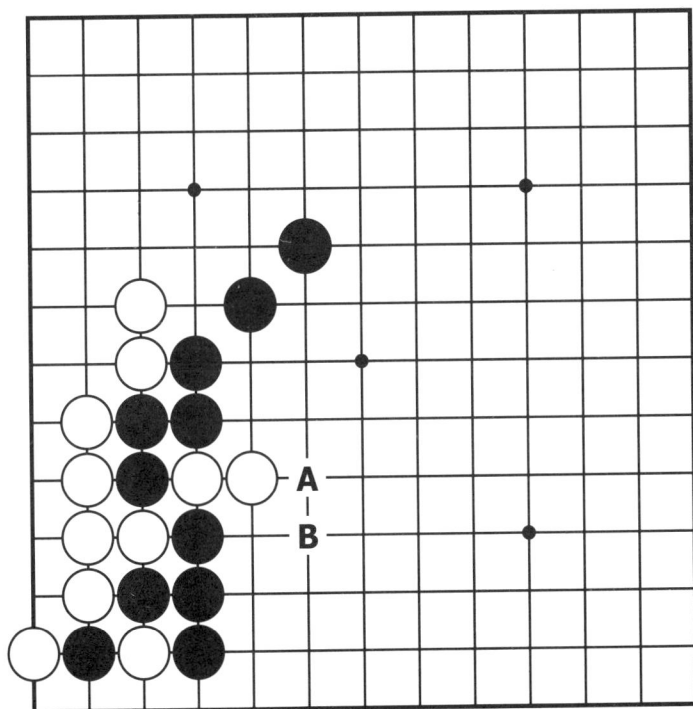

算一算，下在哪里能吃掉棋筋？在正确选项后面的括号中画「✓」。

A（　　）　　B（　　）

正解

◯

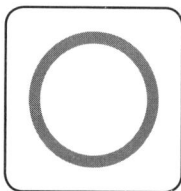

黑 1 选择正确。
直接顶住是此时
的好手，可以吃
掉白棋筋。

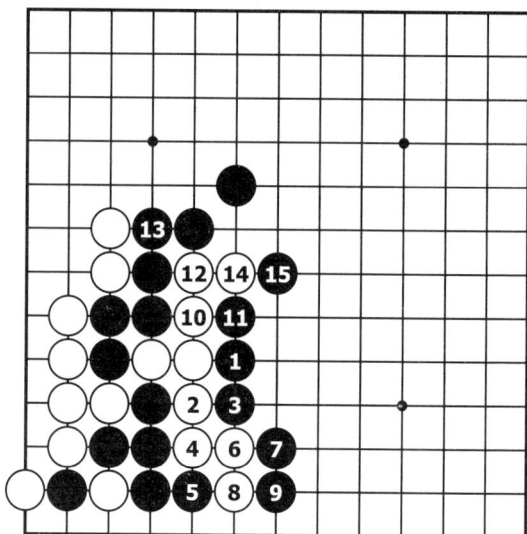

错解

✕

黑 1 选择错误。
白 2 之后可以跑
出，黑棋失败。

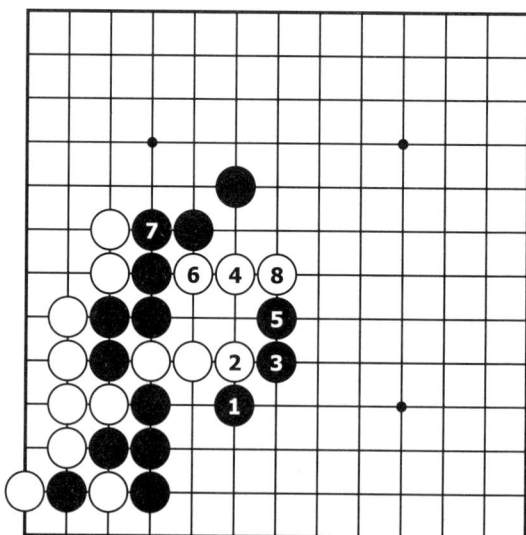

21 第21题（黑先）

难度：★★★★

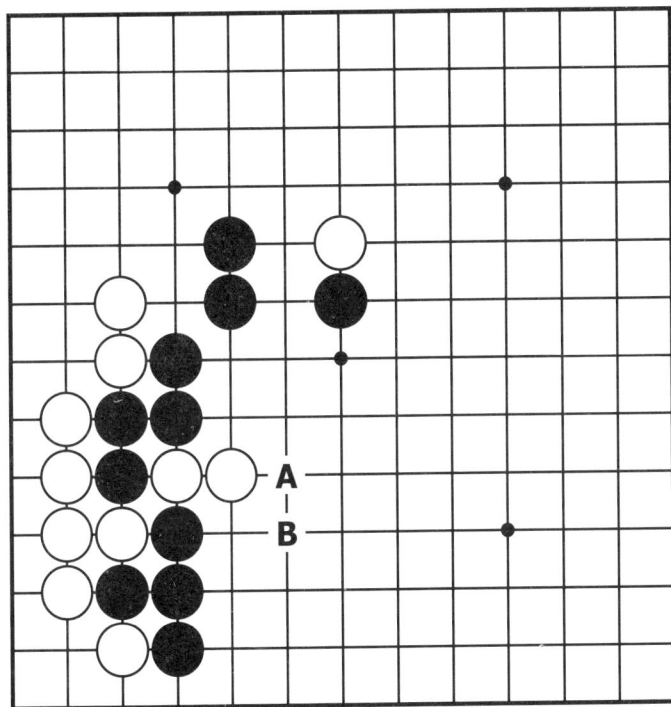

算一算，下在哪里能吃掉棋筋？在正确选项后面的括号中画「√」。

A（　　）　　B（　　）

正解

◯

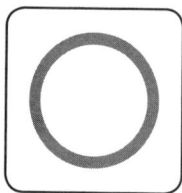

黑 1 选择正确。
直接枷吃是此时
的好手，可以吃
掉白棋筋。

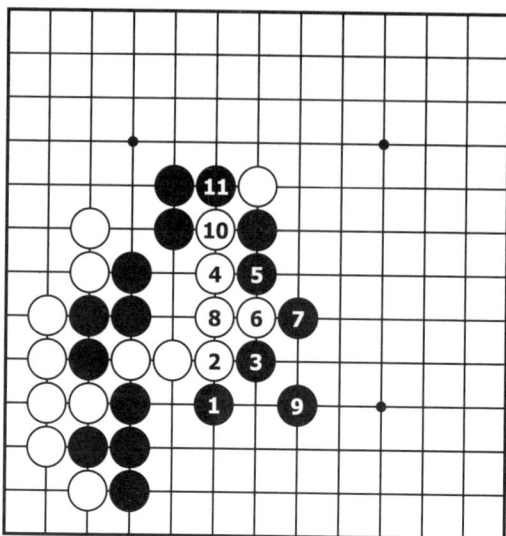

错解

✕

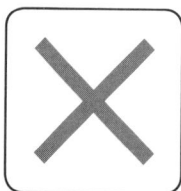

黑 1 选择错误。
由于自身气紧，
白 2 之后可以跑
出，黑棋失败。

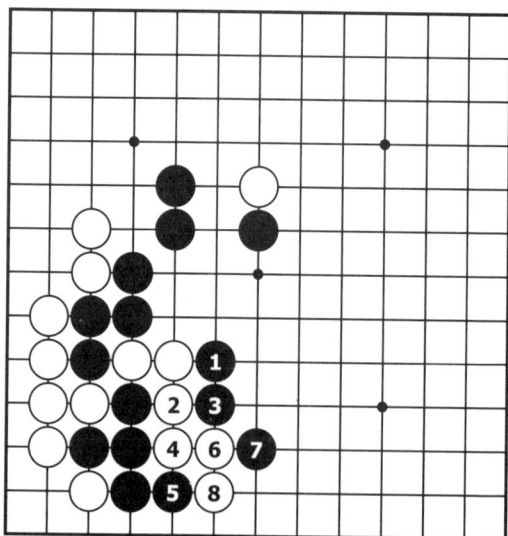

22 第22题（黑先）

难度：★★★

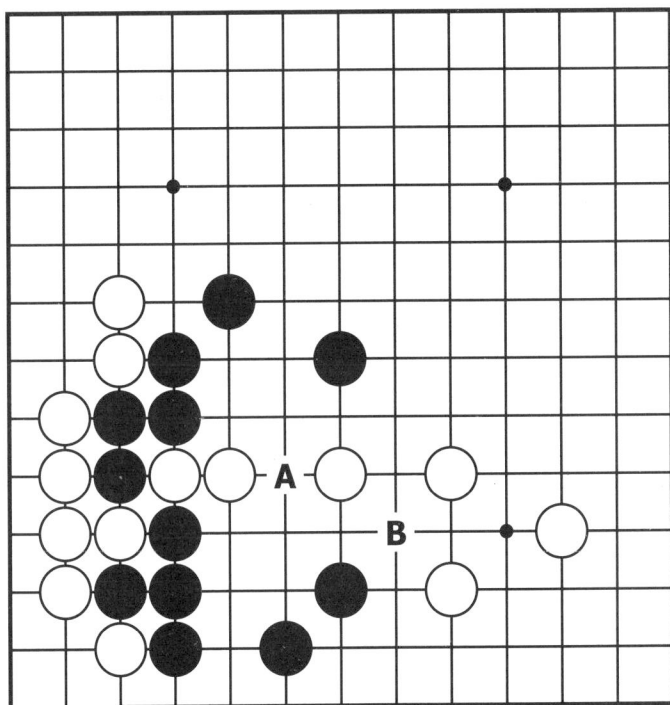

算一算，下在哪里能吃掉棋筋？在正确选项后面的括号中画「∨」。

A（　　）　　B（　　）

正解

黑1选择正确。
挖是此时的好手，
可以吃掉白棋筋。

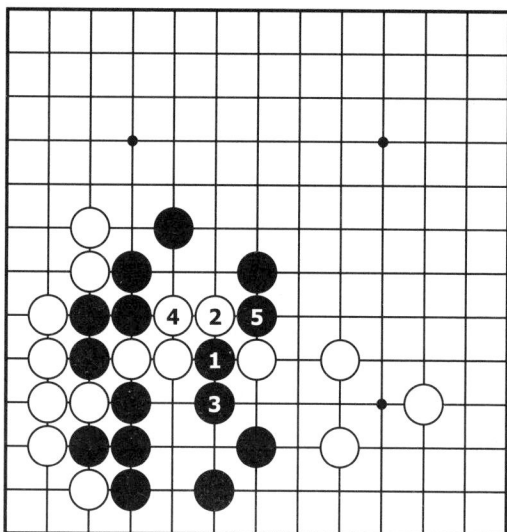

错解

黑1选择错误。
白2之后可以跑
出，黑棋失败。

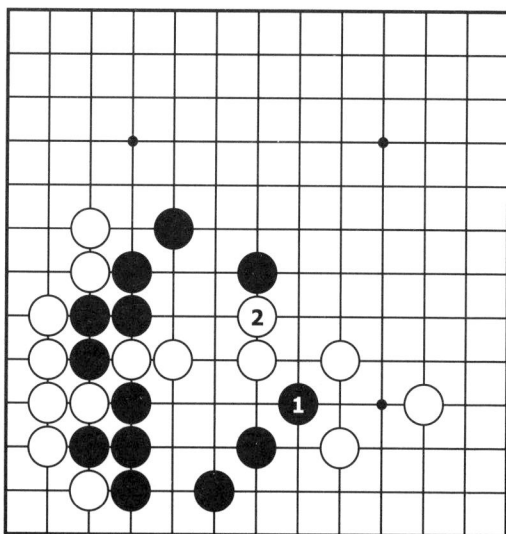

23 第23题（黑先）

难度：★ ★ ★ ★

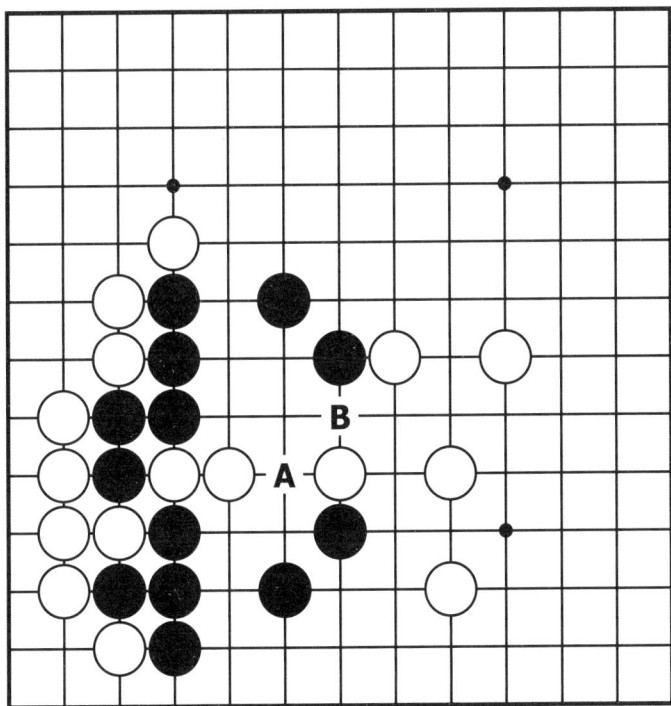

A（　　）　　B（　　）

正解

⭕

黑 1 选择正确。
顶是此时的好手，
可以吃掉白棋筋。

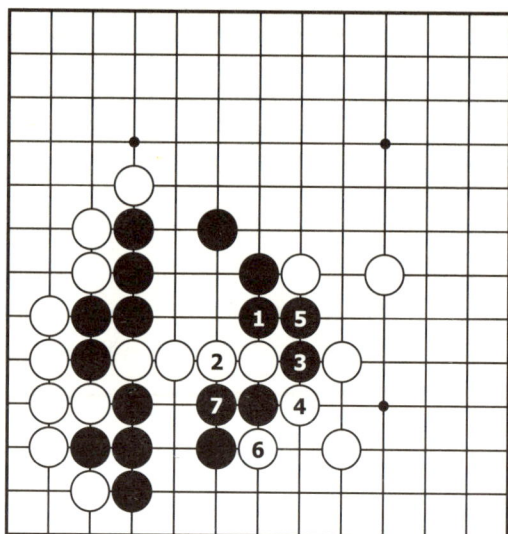

错解

❌

黑 1 选择错误。
由于自身气紧，
白 2 之后形成打
劫，黑棋失败。

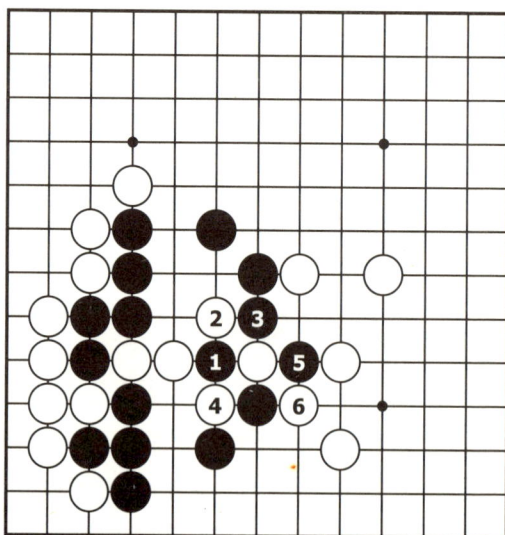

24 第24题（黑先）

难度：★★★★

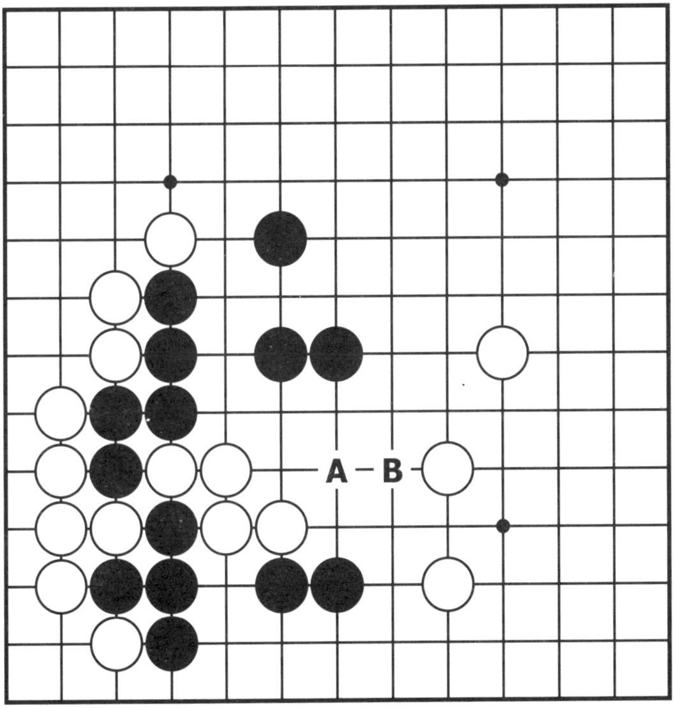

算一算，下在哪里能吃掉棋筋？在正确选项后面的括号中画「√」。

A（　　）　　B（　　）

正解

〇

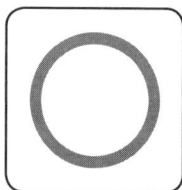

黑 1 选择正确。
靠是此时的好手，
可以吃掉白棋筋。

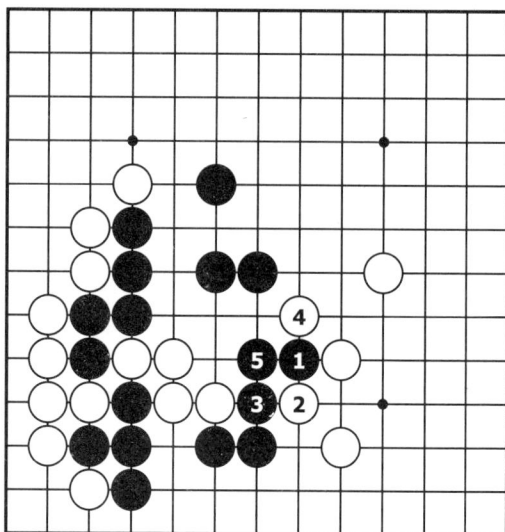

错解

✕

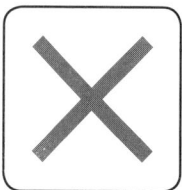

黑 1 选择错误。
由于自身气紧，
白 2 之后可以跑
出，黑棋失败。

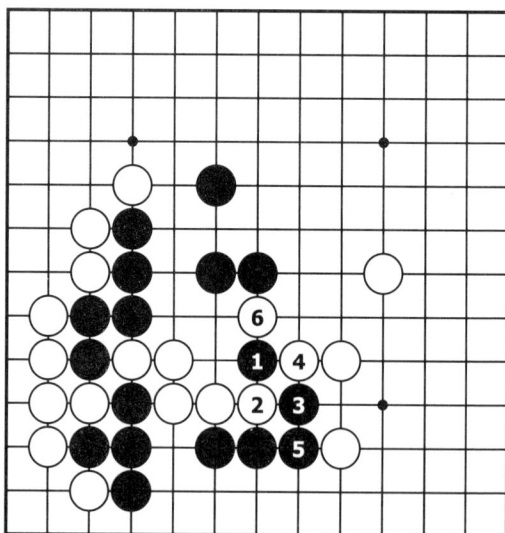

25 第25题（黑先）

难度：★★★★

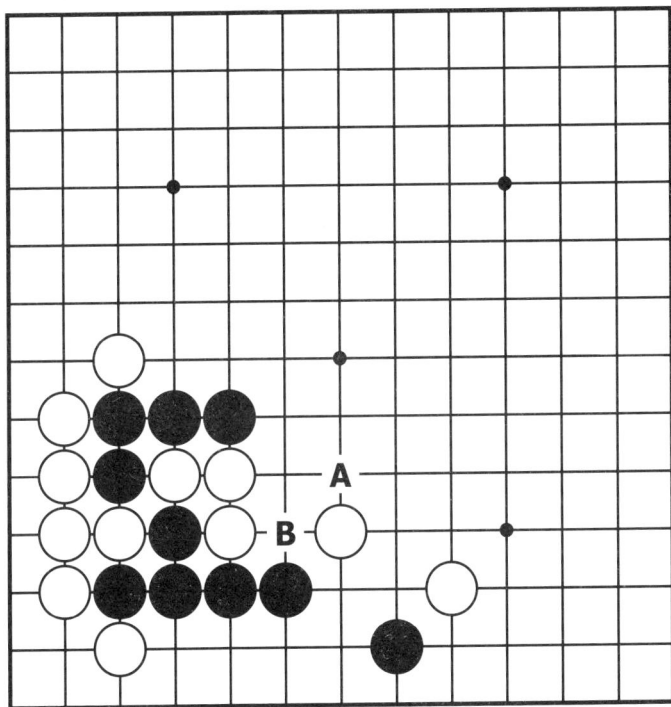

算一算，下在哪里能吃掉棋筋？在正确选项后面的括号中画「✓」。

A（　　）　　B（　　）

正解

〇

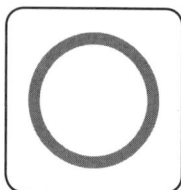

黑 1 选择正确。
靠是此时的好手，
可以吃掉白棋筋。

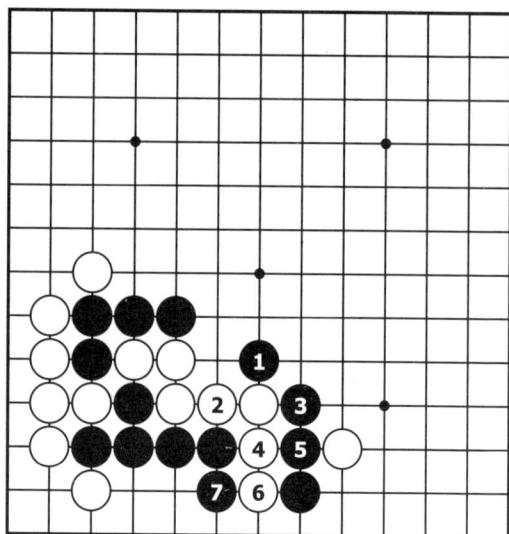

错解

✕

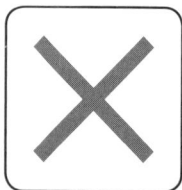

黑 1 选择错误。
白 2 之后可以跑
出，黑棋失败。

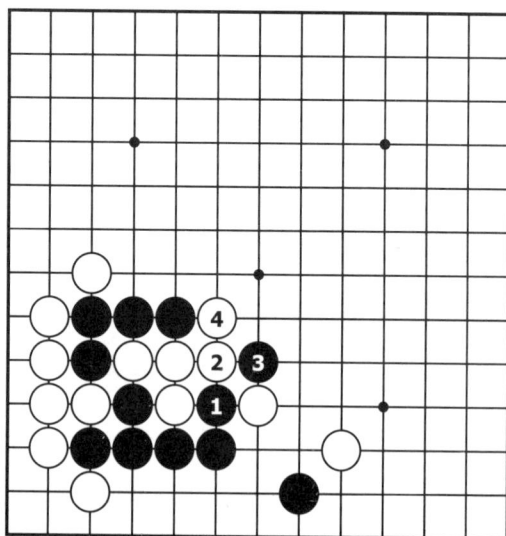

26 第26题（黑先）

难度：★ ★ ★

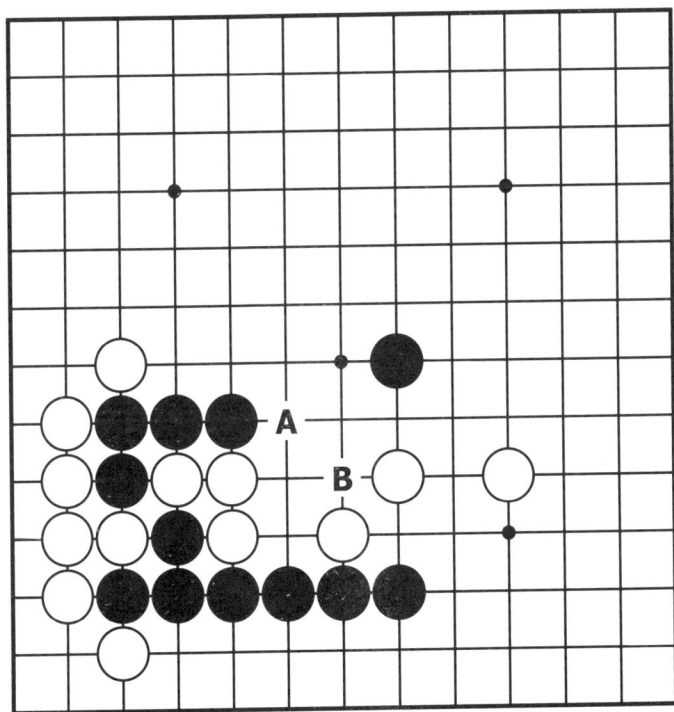

算一算，下在哪里能吃掉棋筋？在正确选项后面的括号中画「✓」。

A（　　）　　B（　　）

正解

○

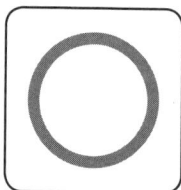

黑 1 选择正确。
挤是此时的好手，
可以吃掉白棋筋。

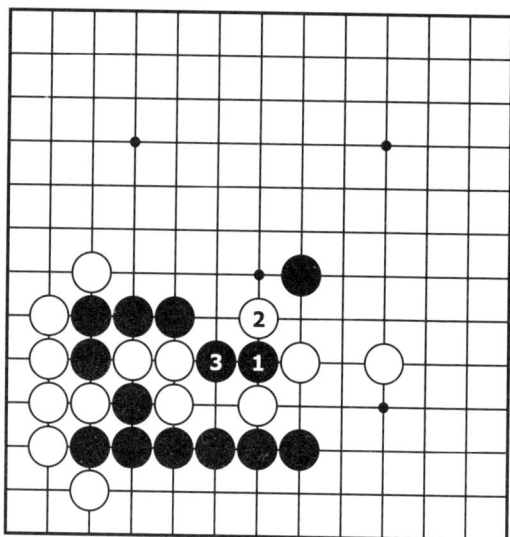

错解

✗

黑 1 选择错误。
白 2 之后可以跑
出，黑棋失败。

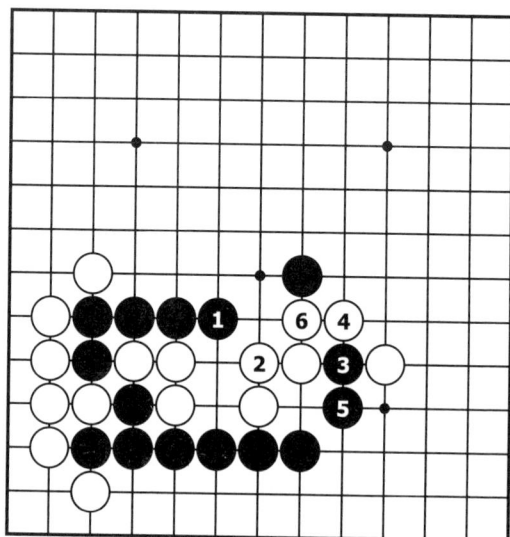

27 第27题（黑先）

难度：★ ★ ★ ★ ★

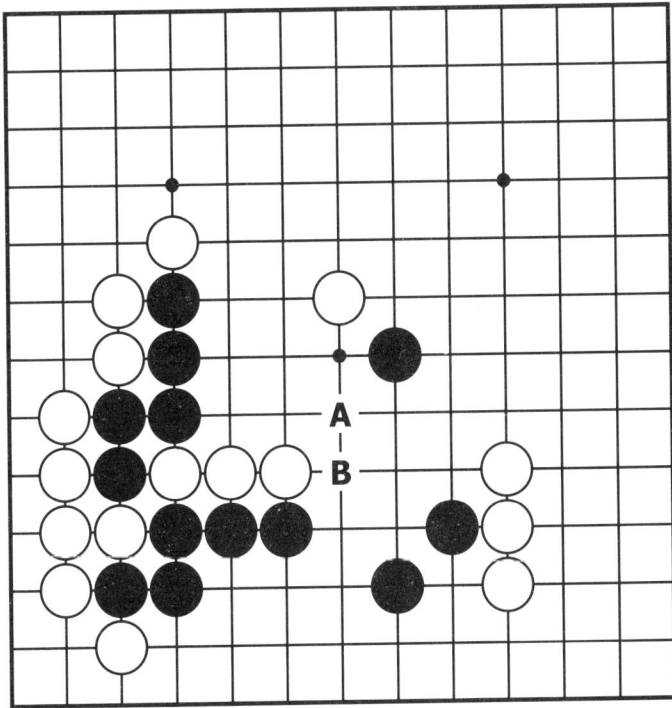

算一算，下在哪里能吃掉棋筋？在正确选项后面的括号中画「∨」。

A（　　） B（　　）

正解

⭕

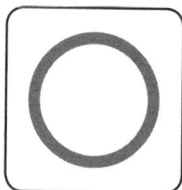

黑 1 选择正确。
先扳再靠是此时
的好手，可以吃
掉白棋筋。

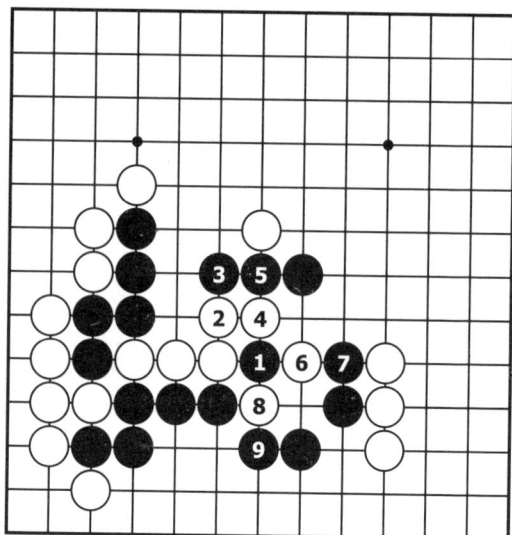

错解

❌

黑1选择错误。由
于自身气紧，白2
之后可以反杀黑
棋，黑棋失败。

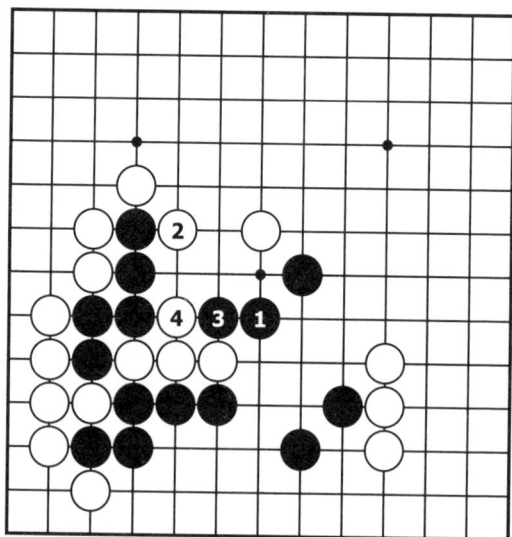

28 第28题（黑先）

难度：★ ★ ★

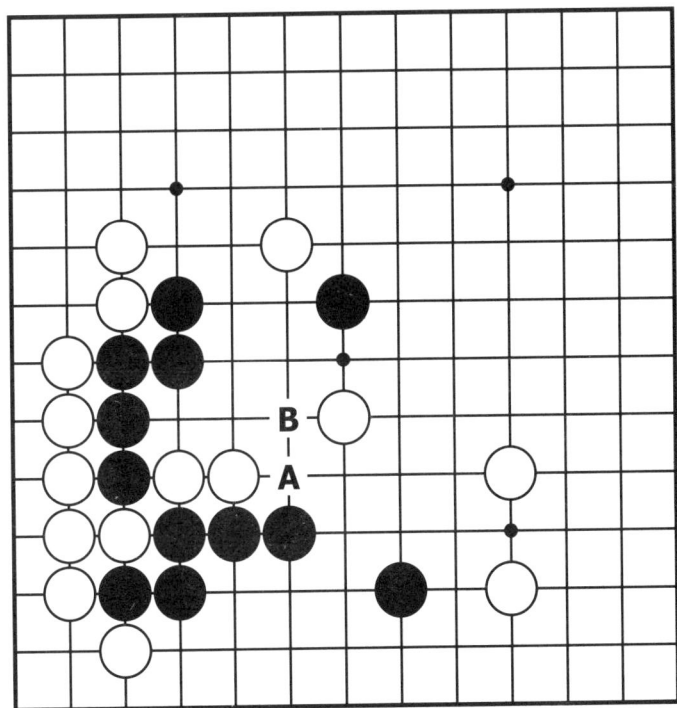

算一算，下在哪里能吃掉棋筋？在正确选项后面的括号中画「∨」。

A（　　）　　B（　　）

正 解

◯

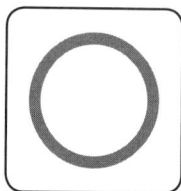

黑 1 选择正确。
靠是此时的好手，
可以吃掉白棋筋。

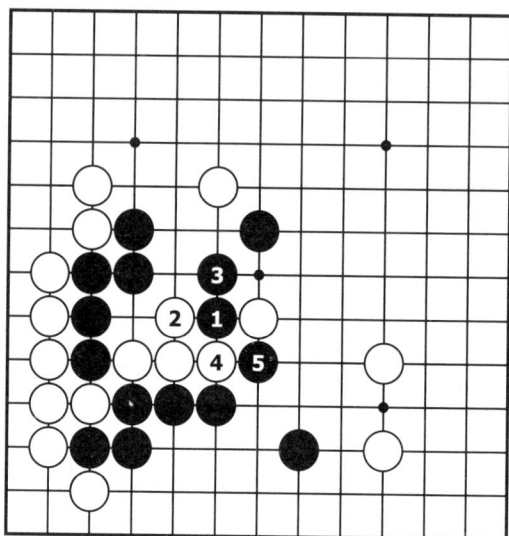

错 解

✕

黑 1 选择错误。
白 2 之后可以跑
出，黑棋失败。

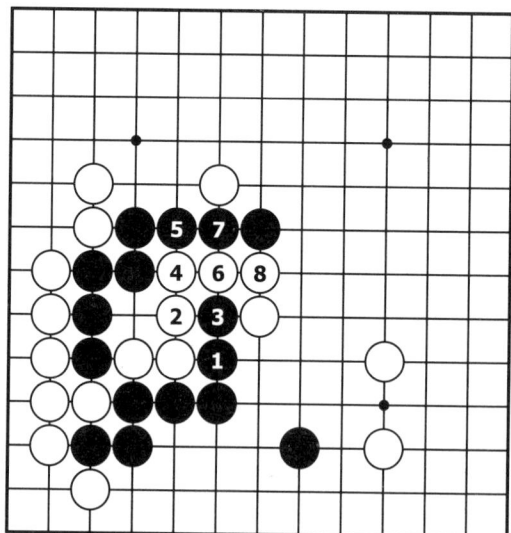

29 Q 第29题（黑先）

难度：★ ★ ★

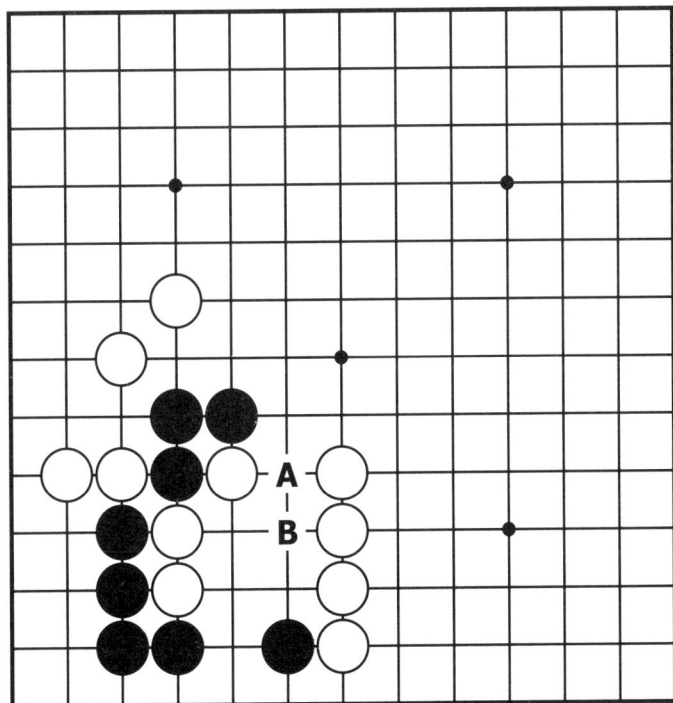

算一算，下在哪里能吃掉棋筋？在正确选项后面的括号中画「✓」。

A（　　）　　B（　　）

正 解

○

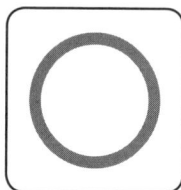

黑 1 选择正确。
靠是此时的好手,
可以吃掉白棋筋。

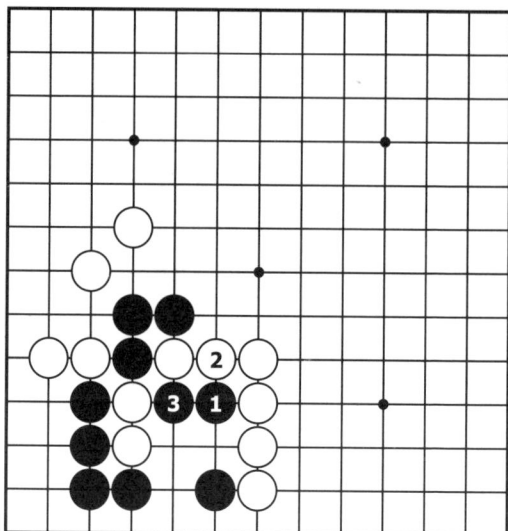

错 解

✕

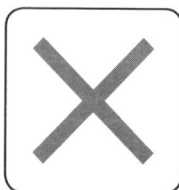

黑 1 选择错误。
由于自身气紧,
白 2 之后形成打
劫,黑棋失败。

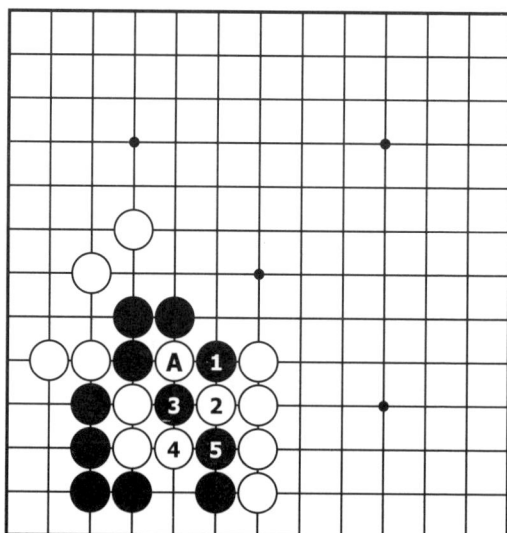

⑥ = Ⓐ

30 第30题（黑先）

难度：★★★

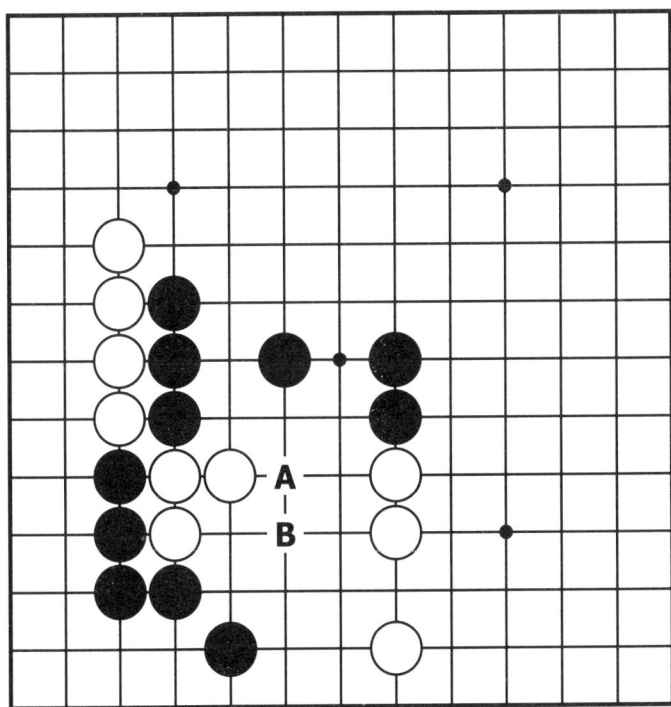

算一算，下在哪里能吃掉棋筋？在正确选项后面的括号中画「∨」。

A（　　）　　B（　　）

正解

○

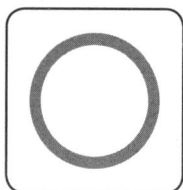

黑 1 选择正确。
靠是此时的好手,
可以吃掉白棋筋。

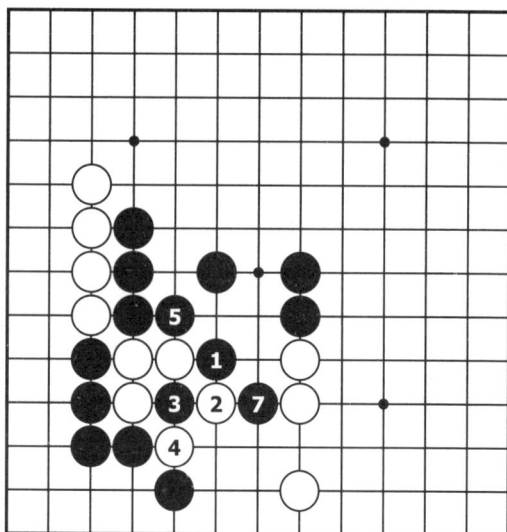

⑥ = ❸

错解

✕

黑 1 选择错误。
由于自身气紧,
白 2 之后可以跑
出, 黑棋失败。

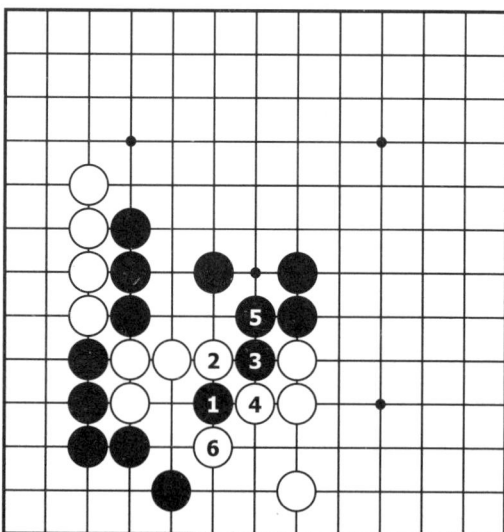

第 2 章

利用"倒脱靴"

本章中的死活问题，都存在一种共性，看似自身气紧，却是可以利用弃子的好时机。在围棋术语中，先被对方吃掉，再反吃对方以达到目的的下法，被称为"倒脱靴"。

小贴士 本章的题目非常有趣！如果能及时发现棋形的特点，解题将会变得很容易。最重要的是：打开想象力，大胆地采用弃子！当一个个看似困难的局面被化解，你会发现围棋的奇妙与魅力！

Q 1 第1题（黑先）

难度：★★

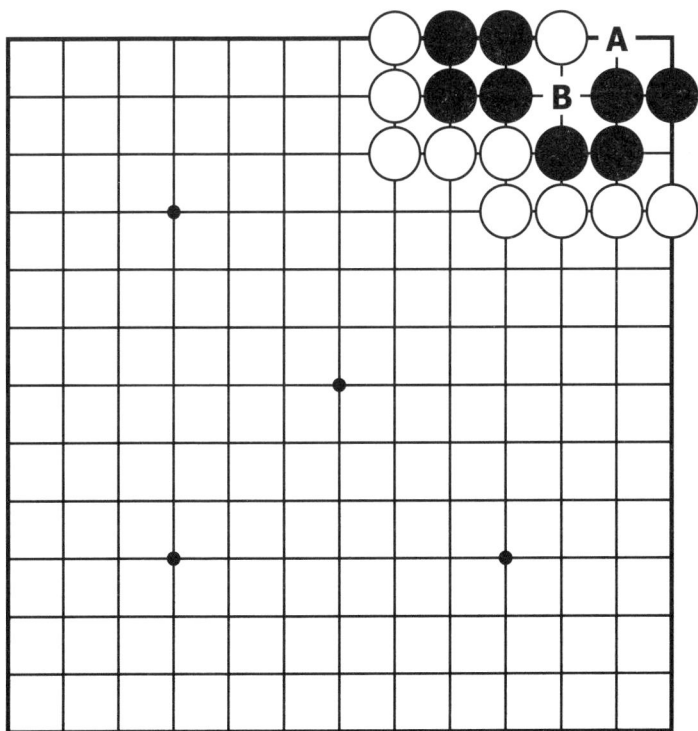

仔细算算，利用「倒脱靴」，该怎样下？在正确选项后面的括号中画「√」。

A（　　）　　B（　　）

正解

◯

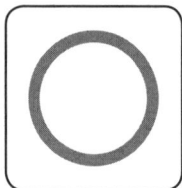

黑 1 选择正确。
弃掉 4 子是好手，
形成 "倒脱靴"，
可以做活。

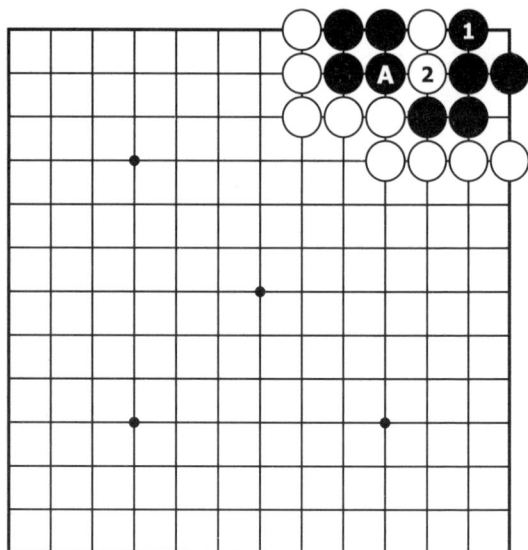

❸ = Ⓐ

错解

✕

黑 1 选择错误。
白 2 破眼，以下
可以杀掉黑棋。

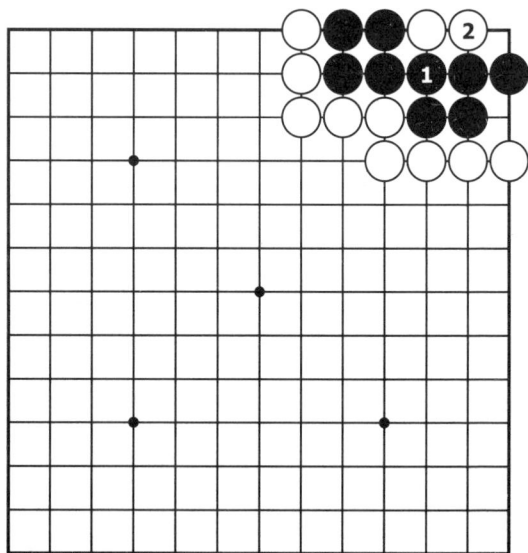

Q2 第2题（黑先）

难度：★★

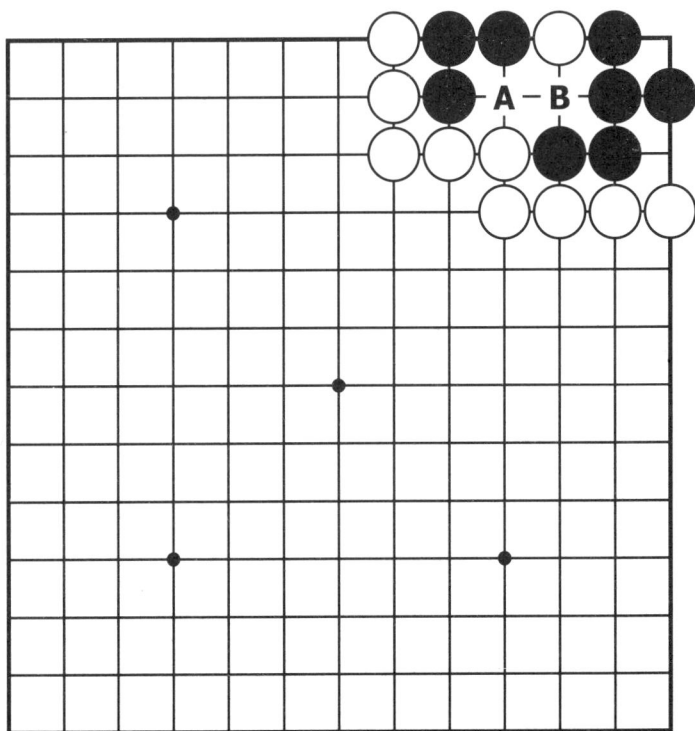

仔细算算，利用「倒脱靴」，该怎样下？在正确选项后面的括号中画「√」。

A（　　）　　B（　　）

正解

◯

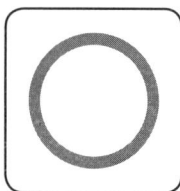

黑 1 选择正确。
弃掉 4 子是好手，
形成 "倒脱靴"，
可以做活。

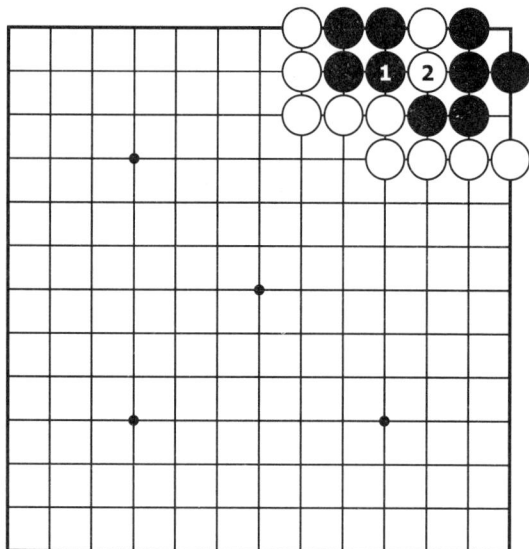

❸ = ❶

错解

✕

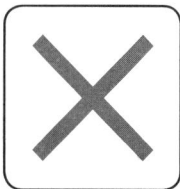

黑 1 选择错误。
白 2 破眼，以下
可以杀掉黑棋。

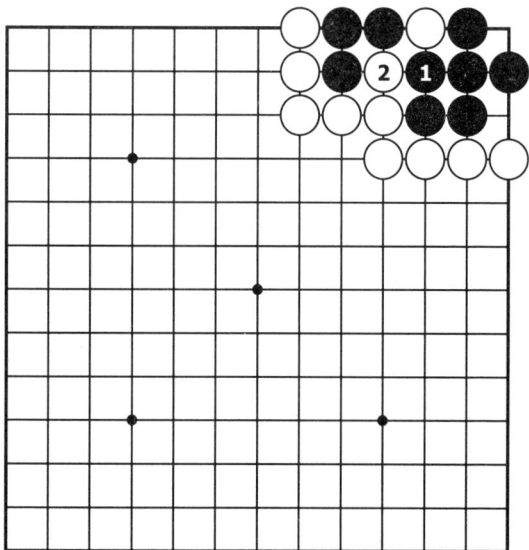

3 第3题（黑先）

难度：★ ★

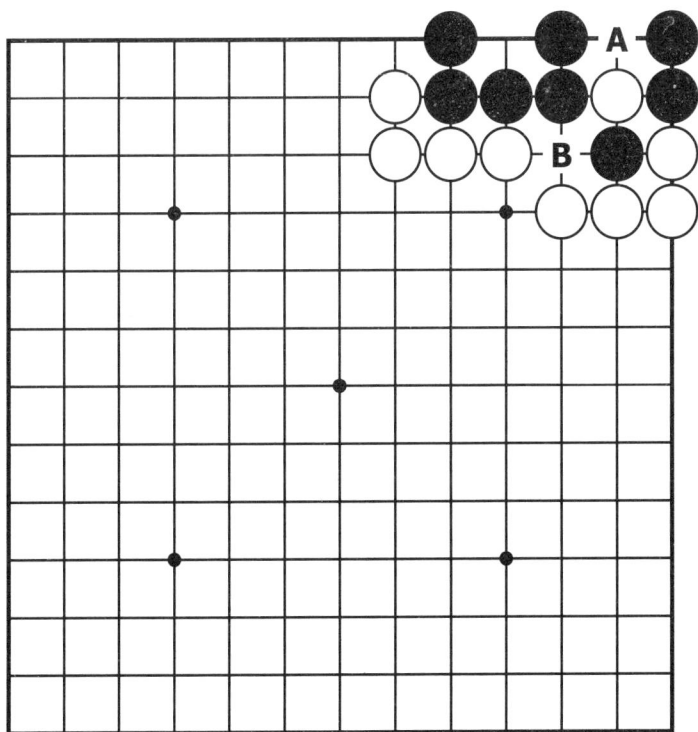

仔细算算，利用「倒脱靴」，该怎样下？在正确选项后面的括号中画「∨」。

A（　　） 　　B（　　）

正解

⭕

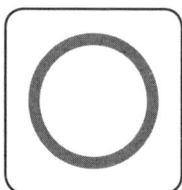

黑 1 选择正确。
弃掉两子是好手，
形成 "倒脱靴"，
可以做活。

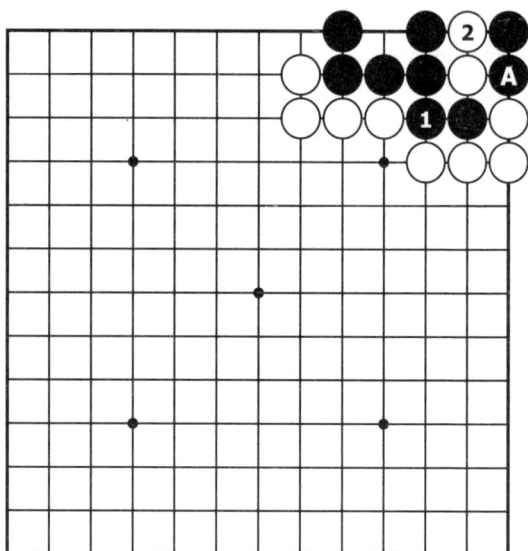

❸ = Ⓐ

错解

❌

黑 1 选择错误。
白 2 破眼，以下
可以杀掉黑棋。

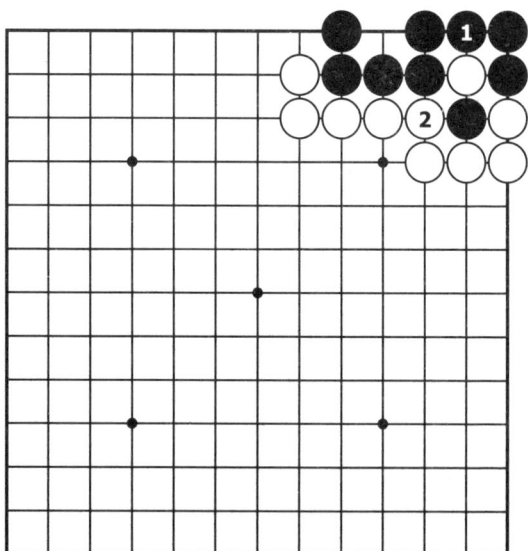

74

第4题（黑先）

难度：★★★

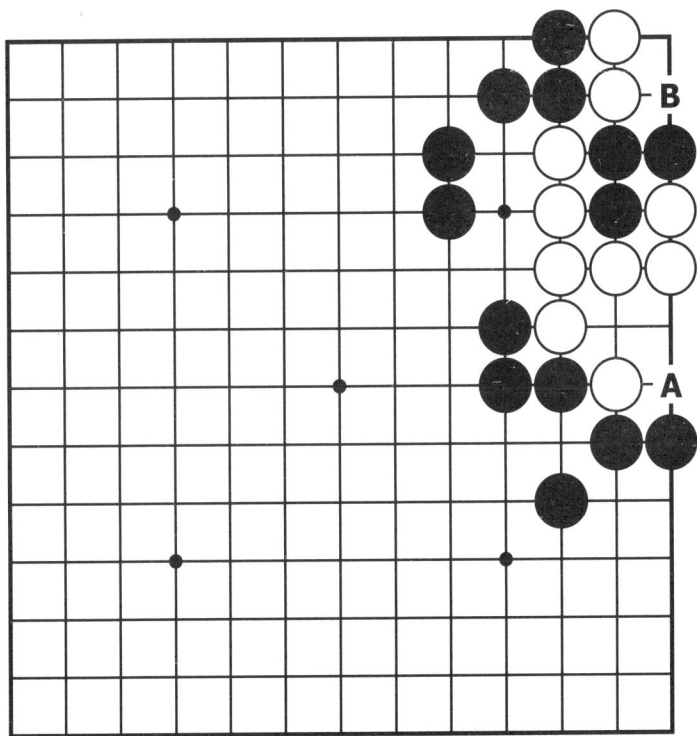

仔细算算，利用「倒脱靴」，该怎样下？在正确选项后面的括号中画「∨」。

A（　）　　B（　）

正解

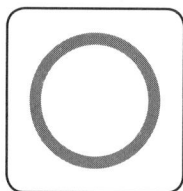

黑 1 选择正确。弃掉 4 子是好手，形成 "倒脱靴"，可以做活。

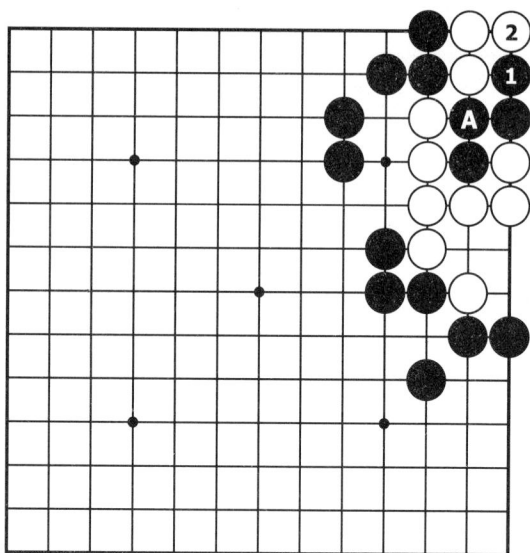

③ = **Ⓐ**

错解

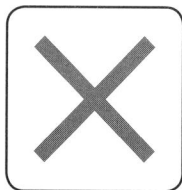

黑 1 选择错误。白 2 提掉 3 子可以做活。

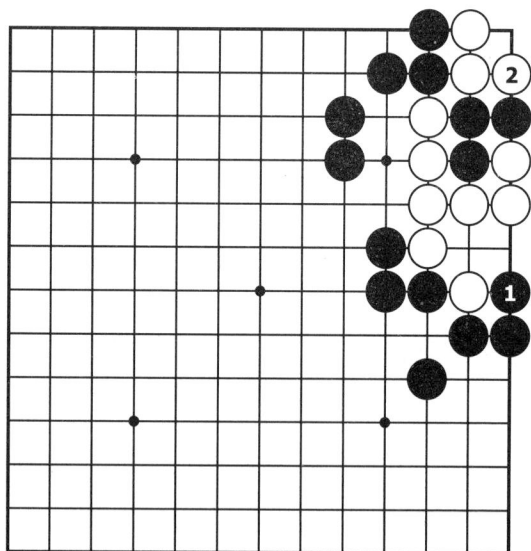

5 第 5 题（黑先）

难度：★ ★ ★

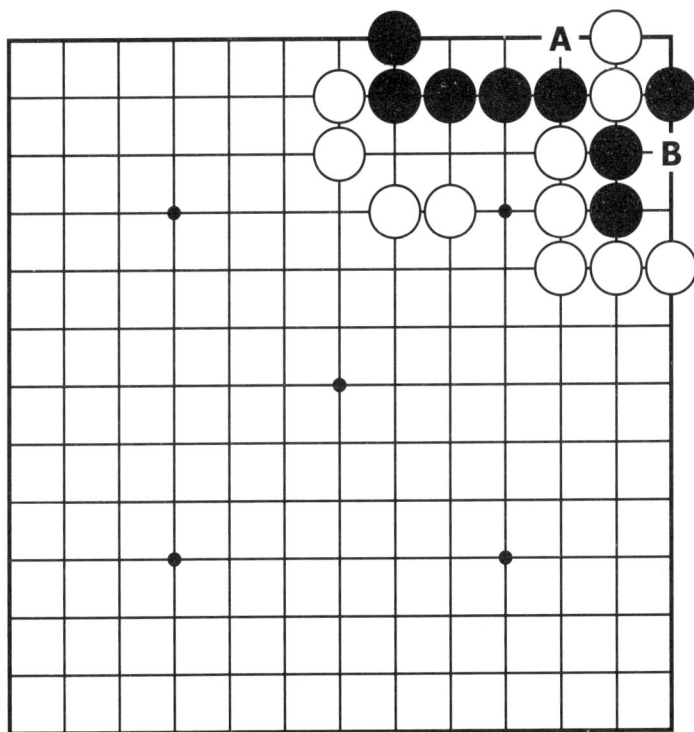

仔细算算，利用「倒脱靴」，该怎样下？在正确选项后面的括号中画「∨」。

A（　　）　　B（　　）

正解

〇

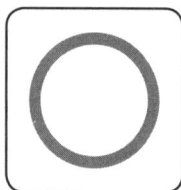

黑 1 选择正确。
弃掉 4 子是好手，
形成"倒脱靴"，
可以做活。

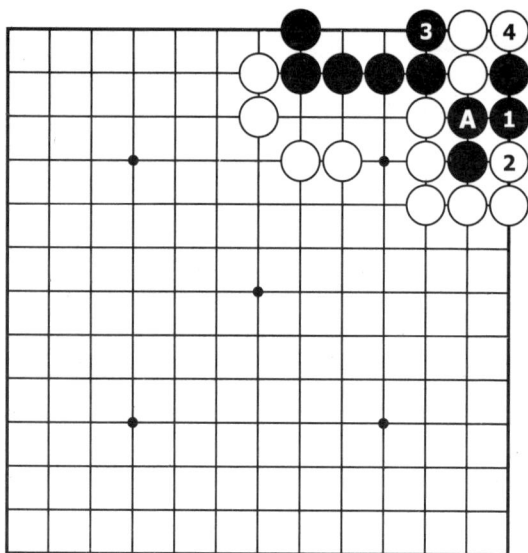

❺ = Ⓐ

错解

✕

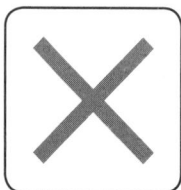

黑 1 选择错误。
白 2 破眼，以下
可以杀掉黑棋。

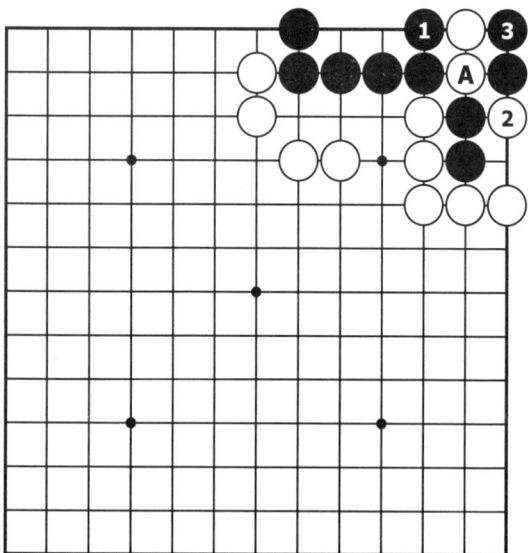

④ = Ⓐ

Q6 第6题（黑先）

难度：★★★

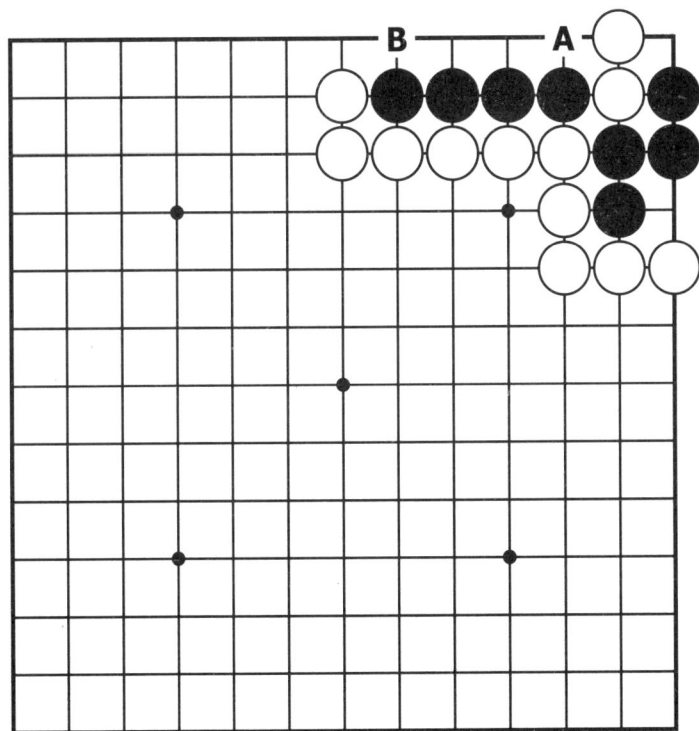

仔细算算，利用「倒脱靴」，该怎样下？在正确选项后面的括号中画「√」。

A（　　） B（　　）

正 解

◯

黑1选择正确。
弃掉4子是好手，
形成"倒脱靴"，
可以做活。

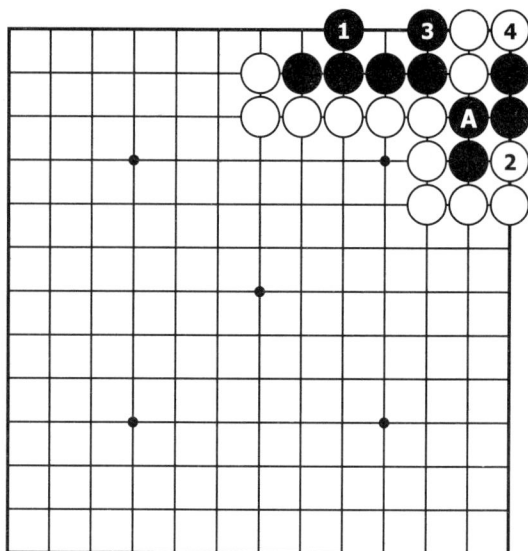

⑤ = A

错 解

✕

黑1选择错误。
白2破眼，以下
可以杀掉黑棋。

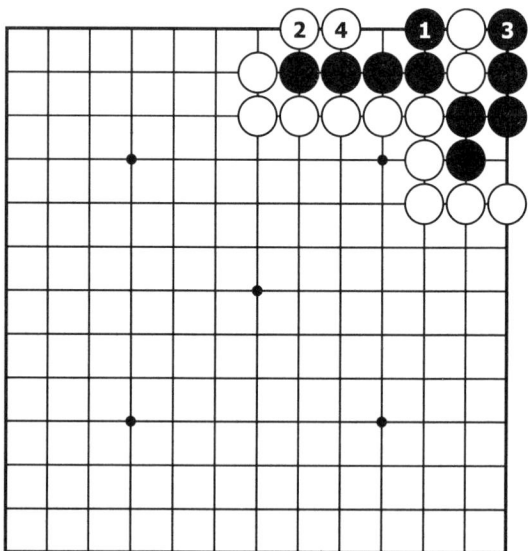

Q7 第7题（黑先）

难度：★ ★ ★

仔细算算，利用「倒脱靴」，该怎样下？在正确选项后面的括号中画「✓」。

A（　　　）　　B（　　　）

正解

〇

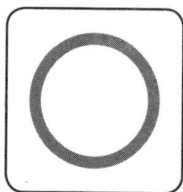

黑 1 选择正确。
以下弃掉 4 子是好
手，形成"倒脱
靴"，可以做活。

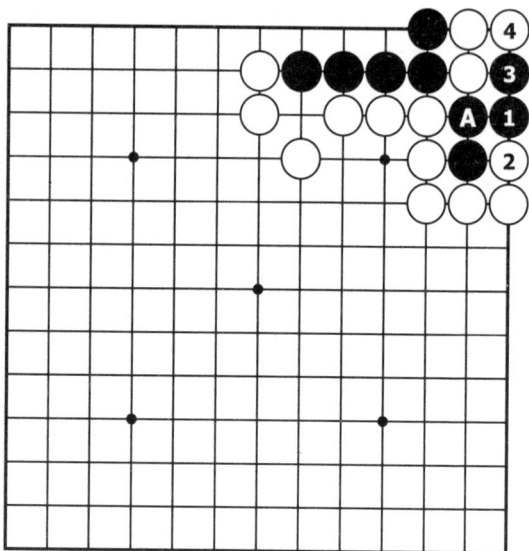

5 = **A**

错解

✕

黑 1 选择错误。
白 2 破眼，以下
可以杀掉黑棋。

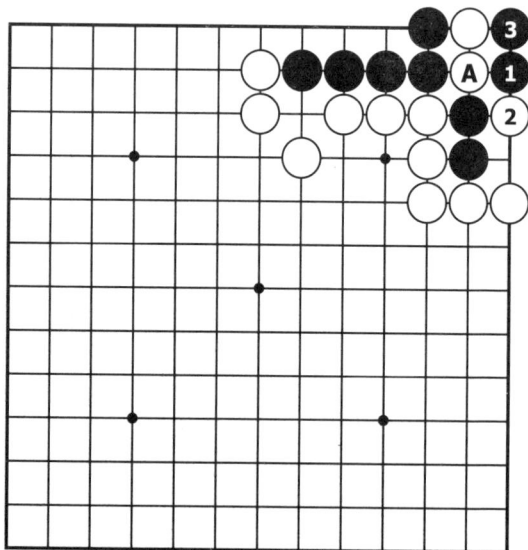

4 = **A**

8 第8题（黑先）

难度：★★★★

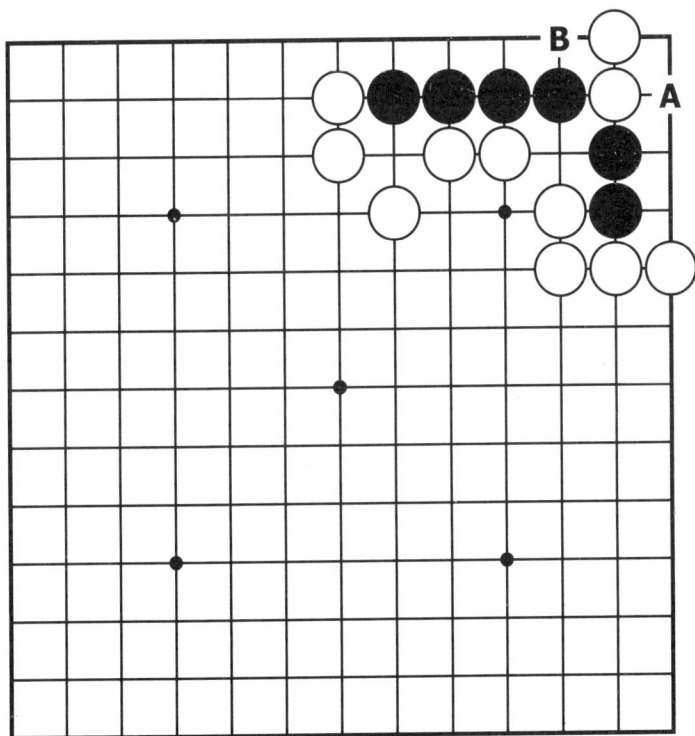

仔细算算，利用「倒脱靴」，该怎样下？在正确选项后面的括号中画「∨」。

A（　　） 　 B（　　）

正 解

〇

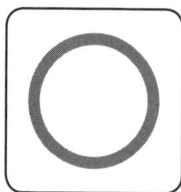

黑 1 选择正确。
白无法破掉黑棋
的眼位，黑可以
做活。

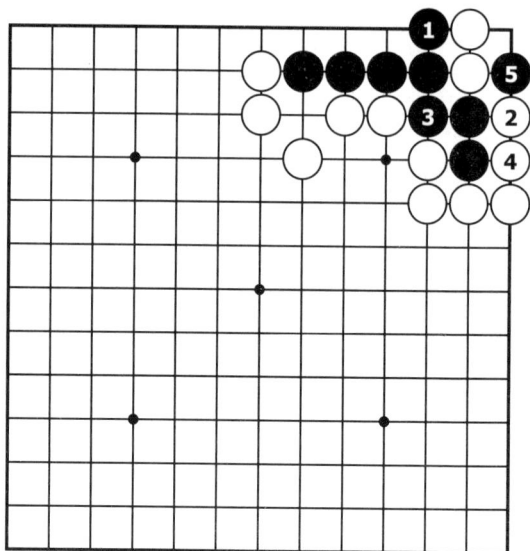

错 解

✕

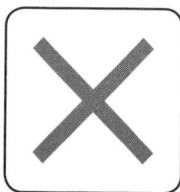

黑 1 选择错误。
白 2 破眼，以下
可以杀掉黑棋。

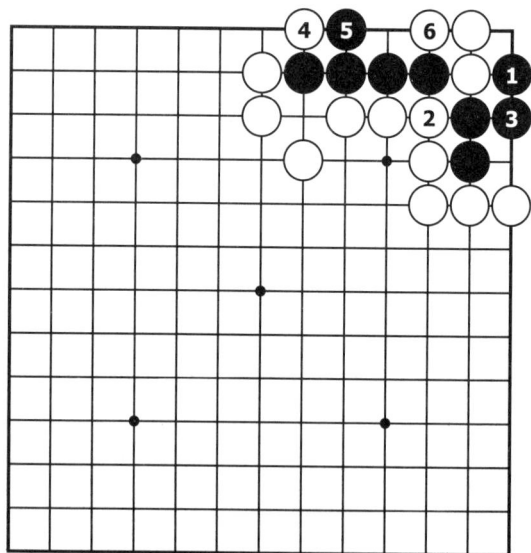

9 第 9 题 (黑先)

难度 : ★ ★ ★ ★

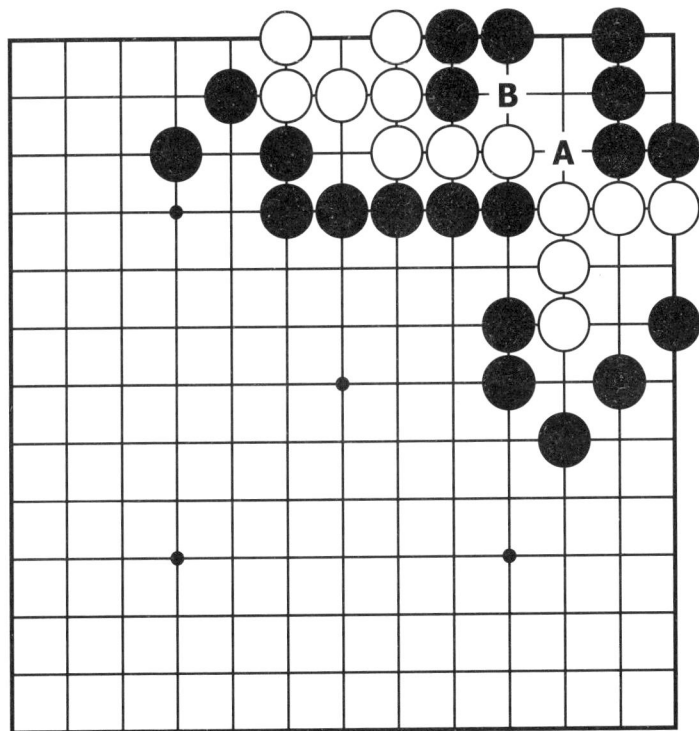

仔细算算，利用「倒脱靴」，该怎样下？在正确选项后面的括号中画「√」。

A (   )   B (   )

正解

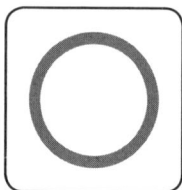

黑 1 选择正确。
以下弃掉 4 子是
好手，形成 "倒
脱靴"，可以做
活并反杀白棋。

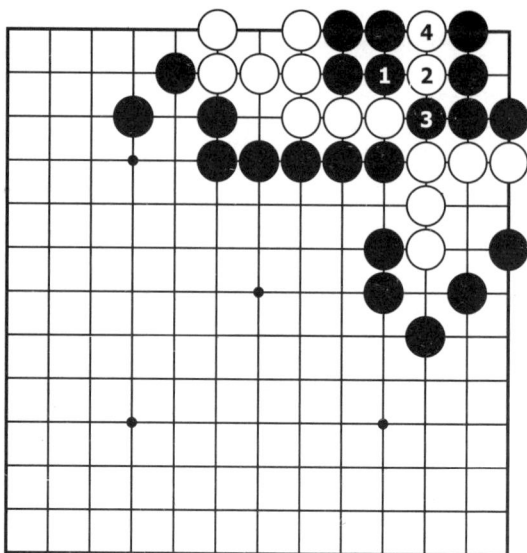

⑤ = ❶

错解

黑 1 选择错误。
白 2 破眼，对杀
黑棋气不够。

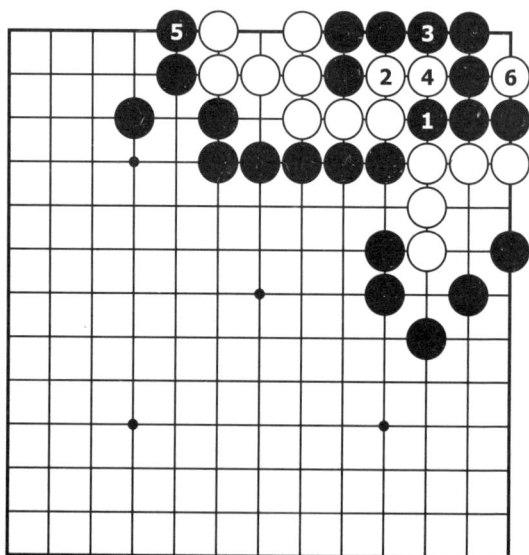

10 第10题（黑先）

难度：★★★

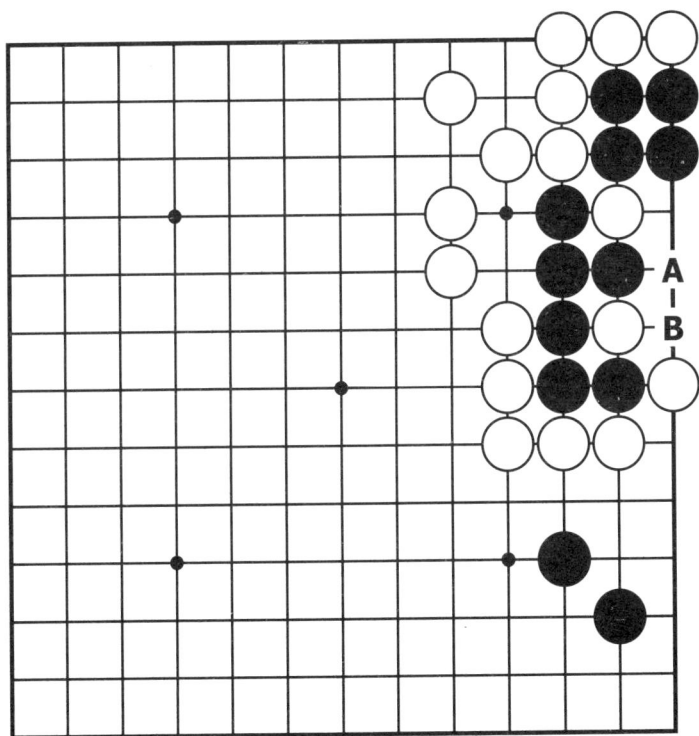

仔细算算，利用「倒脱靴」，该怎样下？在正确选项后面的括号中画「∨」。

A（　　）　　B（　　）

正解

○

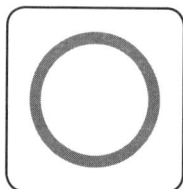

黑 1 选择正确。
以下弃掉 4 子是
好手，形成 "倒
脱靴"，可以做活。

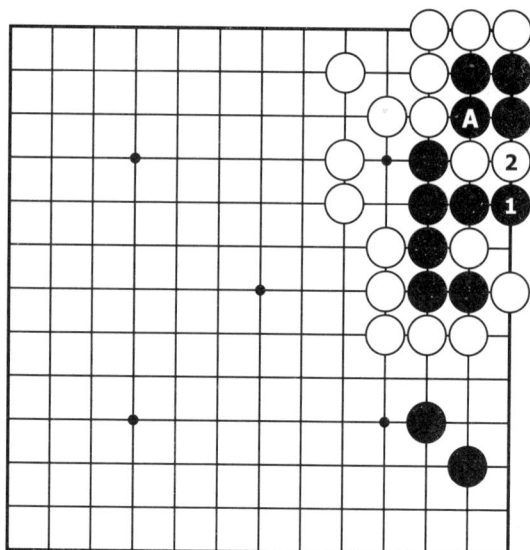

❸ = Ⓐ

错解

✕

黑 1 选择错误。
白 2 提掉后黑棋
无法做活。

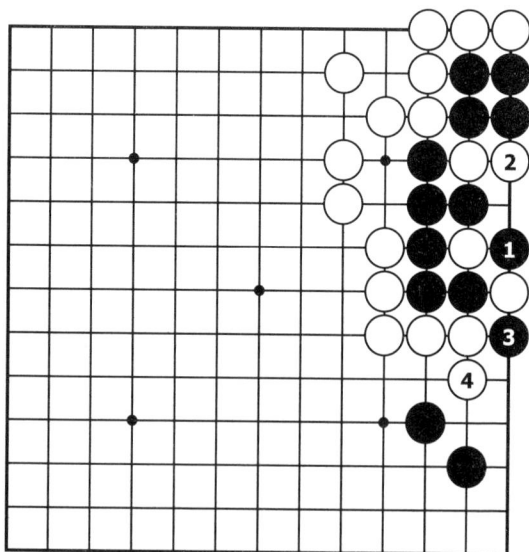

Q 11 第11题（黑先）

难度：★ ★ ★ ★

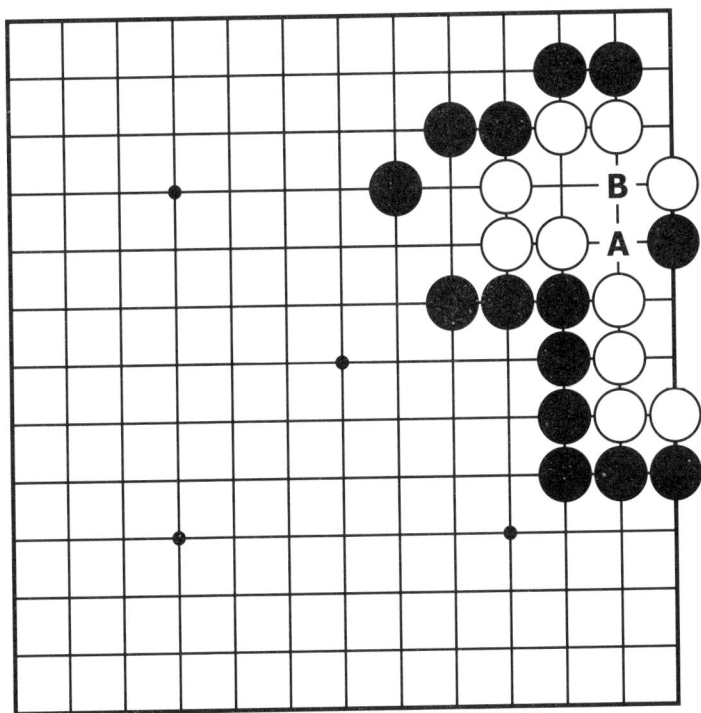

仔细算算，利用「倒脱靴」，该怎样下？在正确选项后面的括号中画「∨」。

A（　　）　　B（　　）

正解

◯

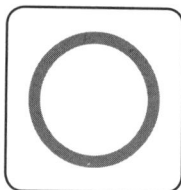

黑 1 选择正确。
以下弃掉 4 子是
好手，形成 "倒
脱靴"，可以杀
掉白棋。

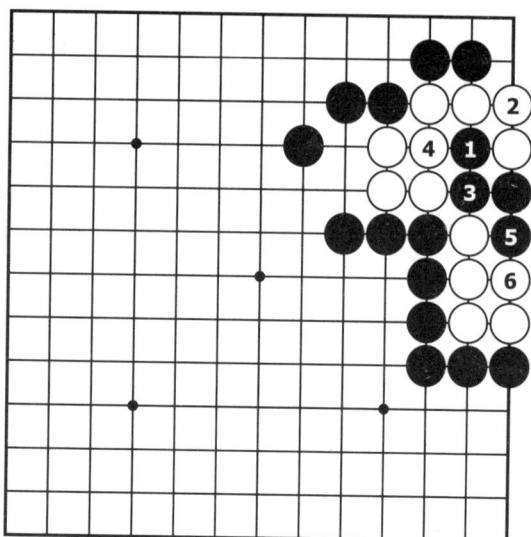

❼ = ❸

错解

✕

黑 1 选择错误。
白 2 打吃，白棋
可以做活。

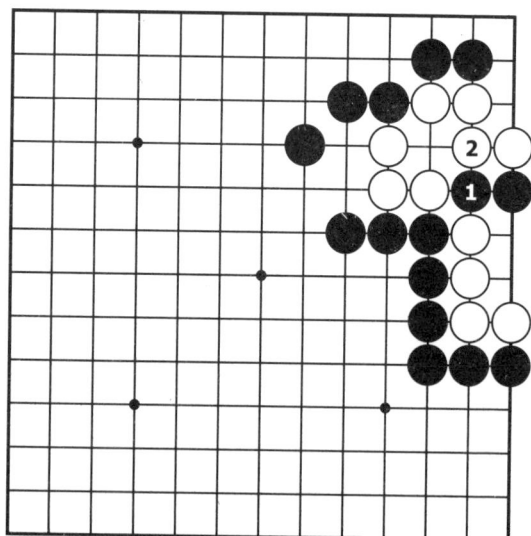

12 第 12 题（黑先）

难度：★ ★ ★ ★

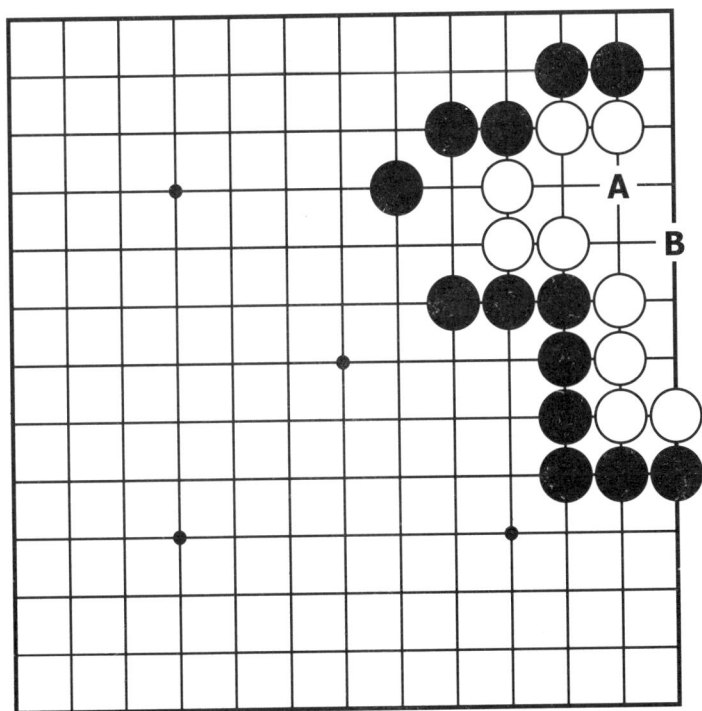

仔细算算，利用「倒脱靴」，该怎样下？在正确选项后面的括号中画「∨」。

A（　　） B（　　）

正解

◯

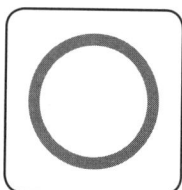

黑 1 选择正确。
以下弃掉 4 子是
好手，形成"倒
脱靴"，可以杀
掉白棋。

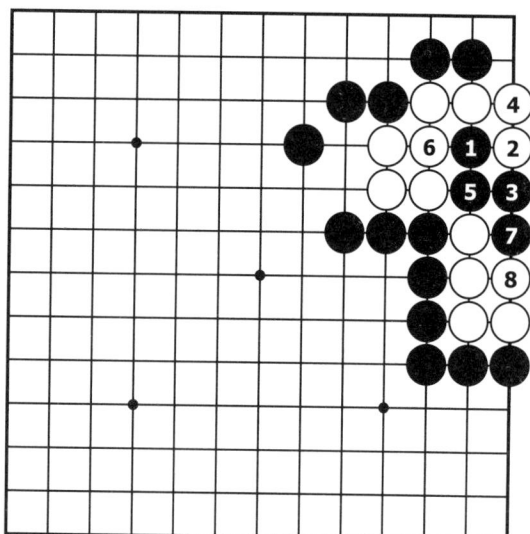

9 = **5**

错解

✕

黑 1 选择错误。
白2做眼是好棋，
以下白方可以做活。

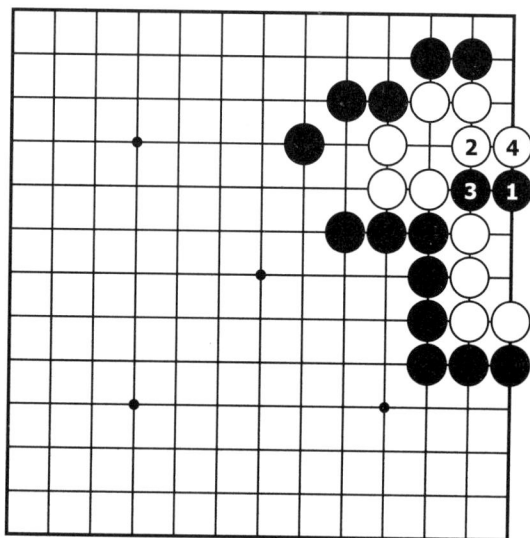

13

第 13 题（黑先）

难度：★★★

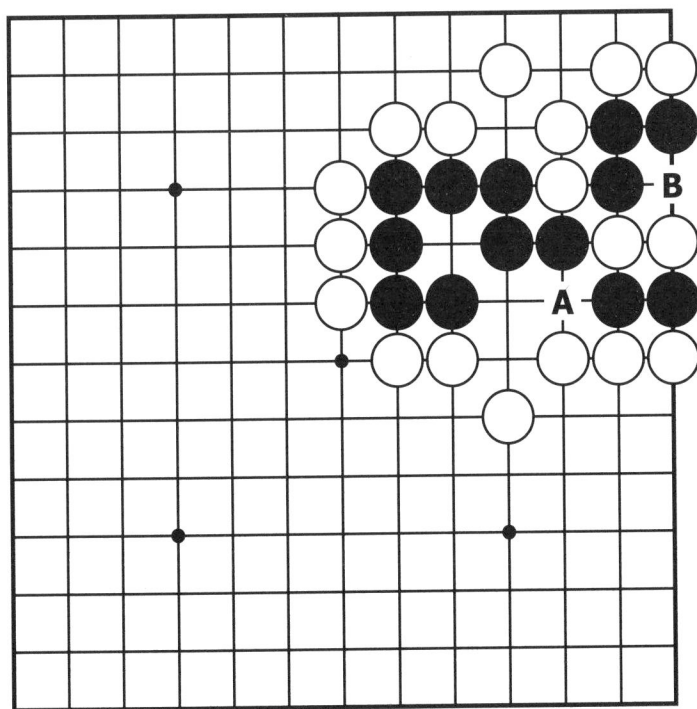

仔细算算，利用「倒脱靴」，该怎样下？在正确选项后面的括号中画「✓」。

A（   ）   B（   ）

正解

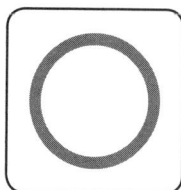

黑 1 选择正确。
以下弃掉 4 子是
好手，形成 "倒
脱靴"，可以做活。

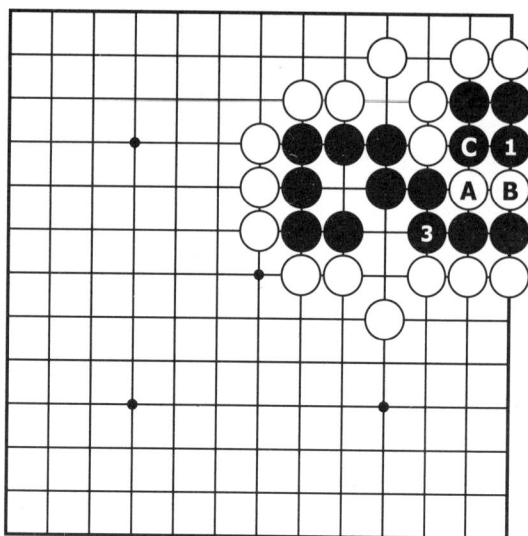

②=Ⓐ，④=Ⓑ，❺=Ⓒ

错解

黑 1 选择错误。
白 2 提掉，可以
杀掉黑棋。

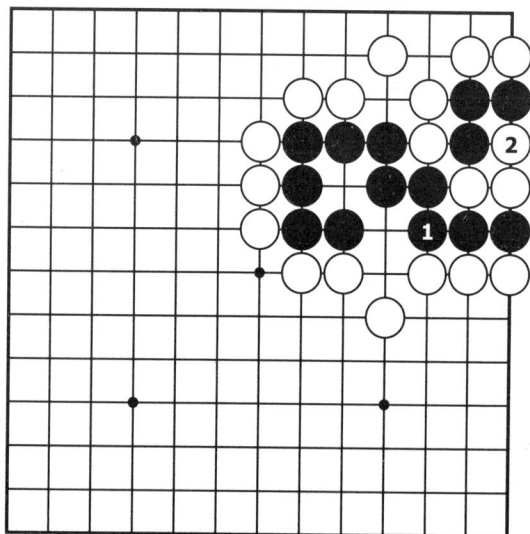

14

第14题（黑先）

难度：★★★★

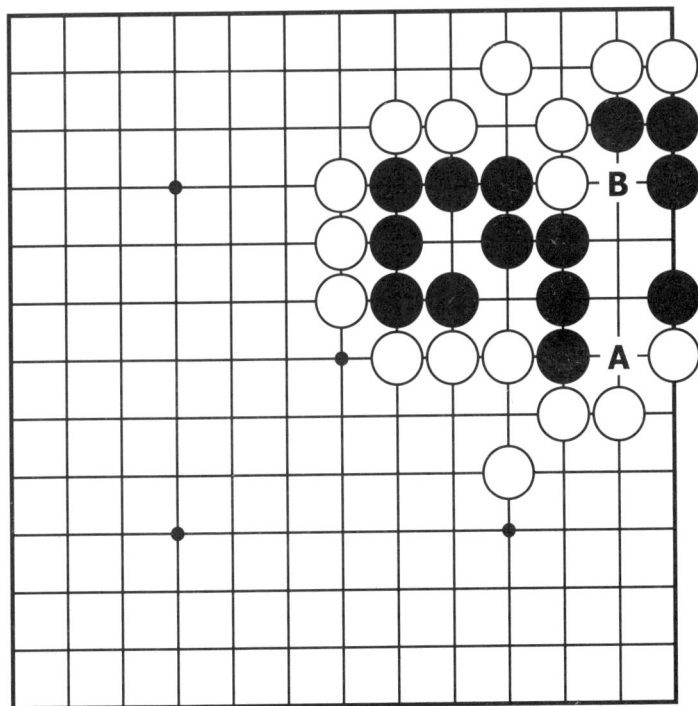

仔细算算，利用「倒脱靴」，该怎样下？在正确选项后面的括号中画「∨」。

A（　　） B（　　）

正 解

○

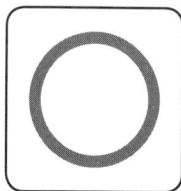

黑 1 选择正确。
以下弃掉 4 子是
好手，形成"倒
脱靴"，可以做活。

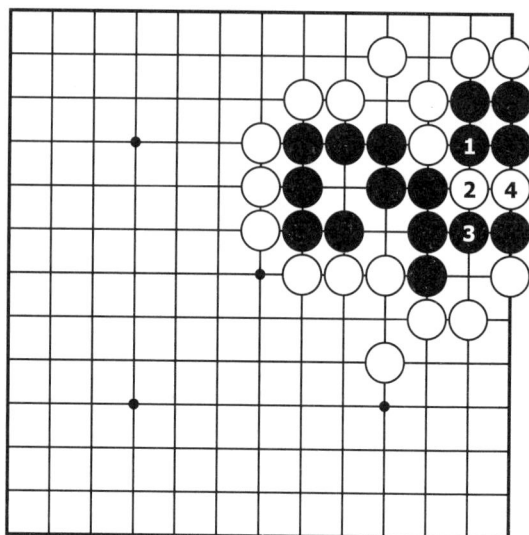

⑤ = ❶

错 解

✕

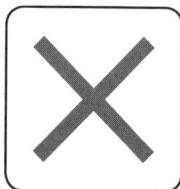

黑 1 选择错误。
白 2 破眼，可以
杀掉黑棋。

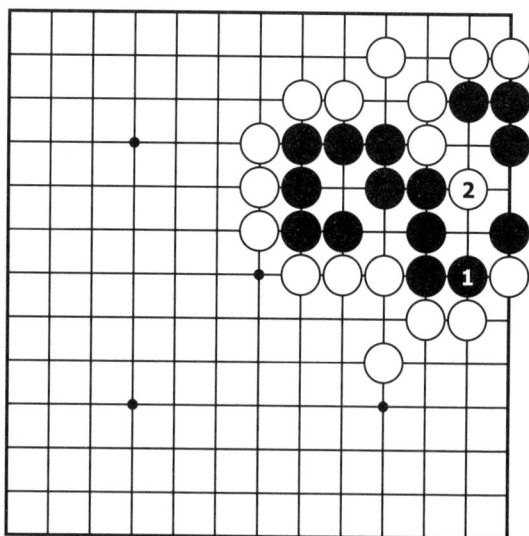

15 第15题（黑先）

难度：★★★★

仔细算算，利用「倒脱靴」，该怎样下？在正确选项后面的括号中画「√」。

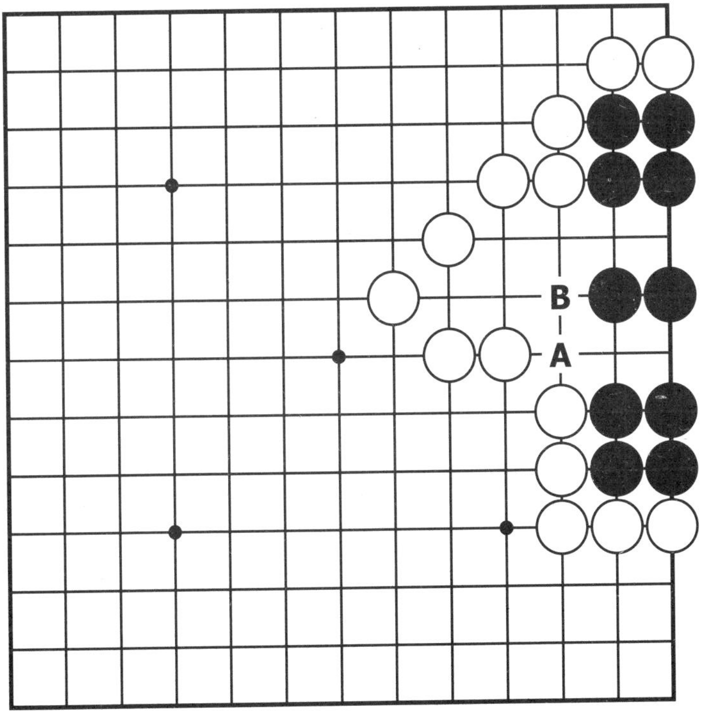

A（　　） B（　　）

正解

〇

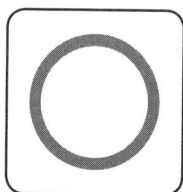

黑 1 选择正确。
两边同形，弃掉
4 子形成 "倒脱
靴"，可以做活。

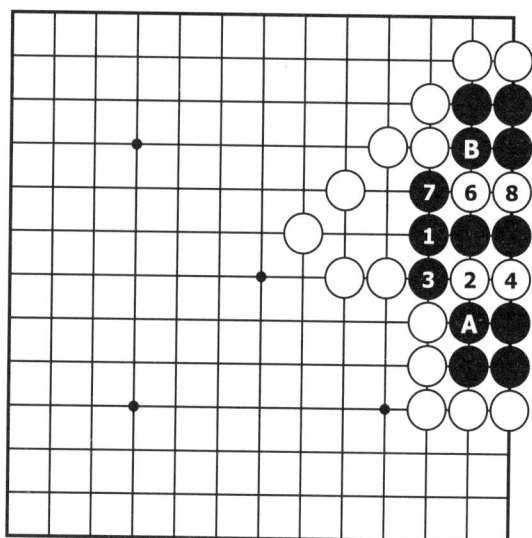

⑤ = Ⓐ，⑨ = Ⓑ

错解

✕

黑 1 选择错误。
白 2 破眼，以下
可以杀掉黑棋。

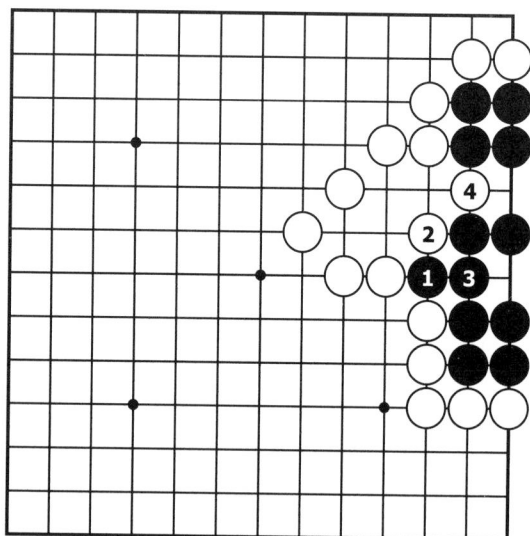

16 第 16 题（黑先）

难度：★ ★ ★ ★

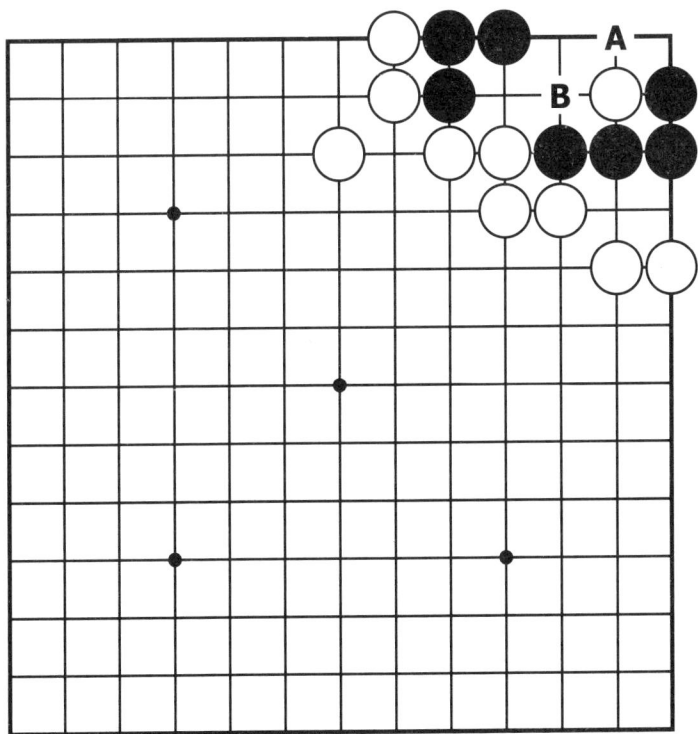

仔细算算，利用「倒脱靴」，该怎样下？在正确选项后面的括号中画「✓」。

A（　　）　　B（　　）

正解

○

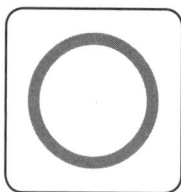

黑 1 选择正确。
以下弃掉 4 子是
好手，形成 "倒
脱靴"，可以做活。

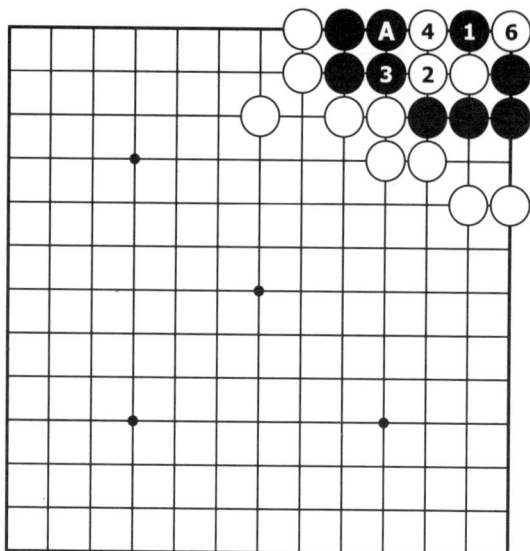

⑤＝❸，❼＝Ⓐ

错解

✕

黑 1 选择错误。
白 2 破眼，可以
杀掉黑棋。

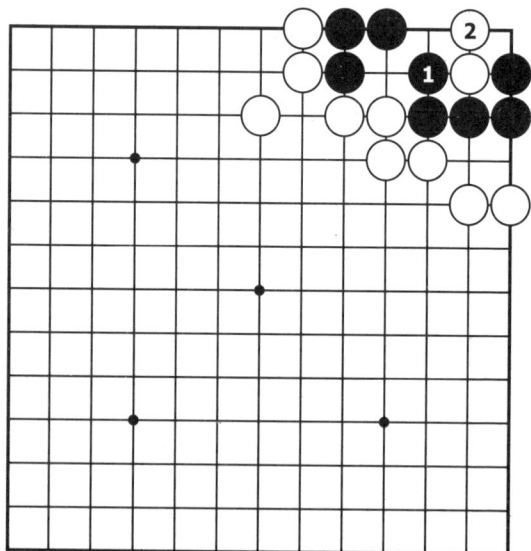

17

第 17 题（黑先）

难度：★ ★ ★

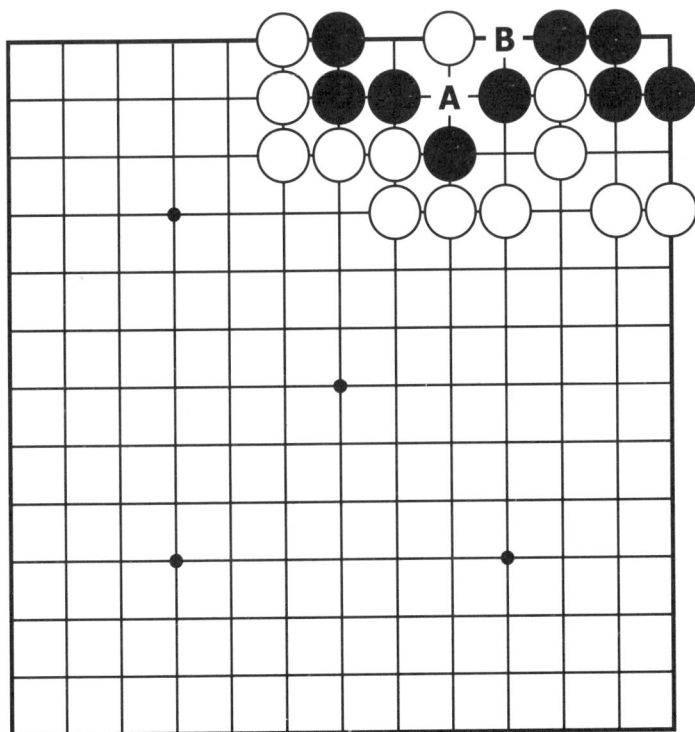

仔细算算，利用「倒脱靴」，该怎样下？在正确选项后面的括号中画「∨」。

A（　　　）　　　B（　　　）

正 解

○

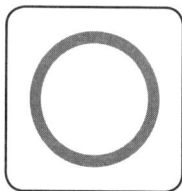

黑 1 选择正确。
以下弃掉 4 子是
好手，形成 "倒
脱靴"，可以做活。

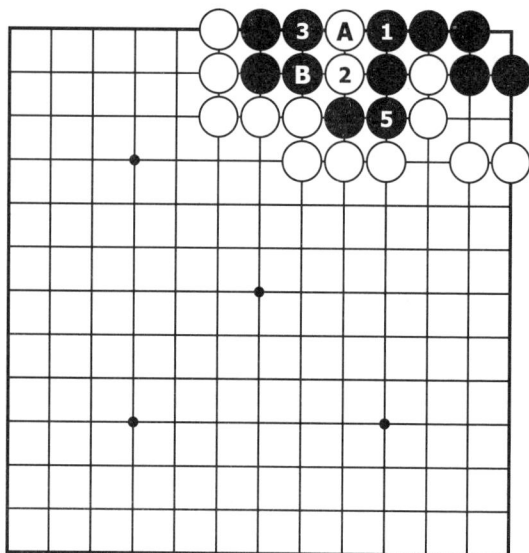

④＝②，⑥＝Ⓐ，❼＝Ⓑ

错 解

✕

黑 1 选择错误。
白 2 破眼，可以
杀掉黑棋。

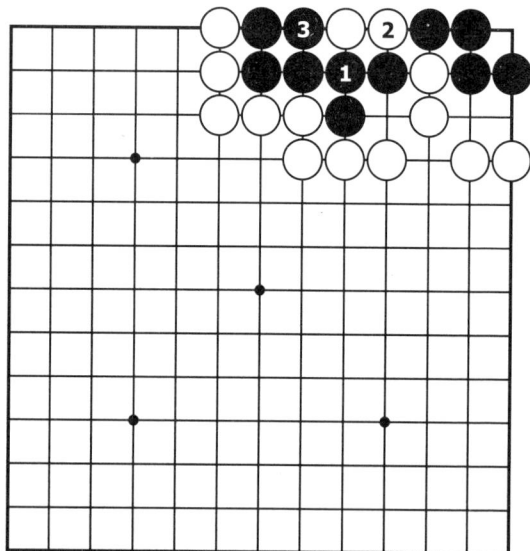

④＝②

18

Q

第18题（黑先）

难度：★★★★

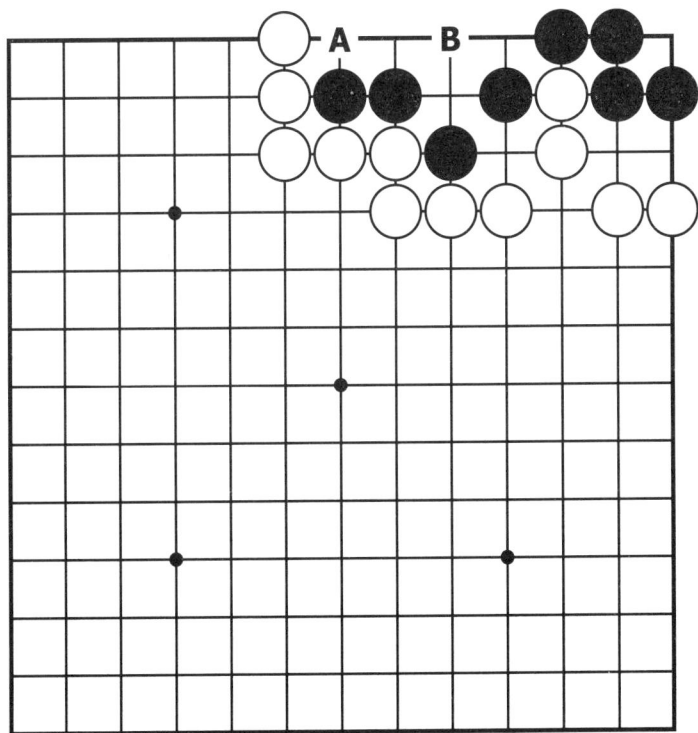

仔细算算，利用「倒脱靴」，该怎样下？在正确选项后面的括号中画「√」。

A（　　）　　B（　　）

正解

◯

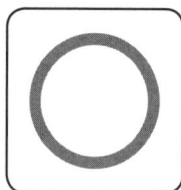

黑 1 选择正确。
以下弃掉 4 子是
好手，形成"倒
脱靴"，可以做活。

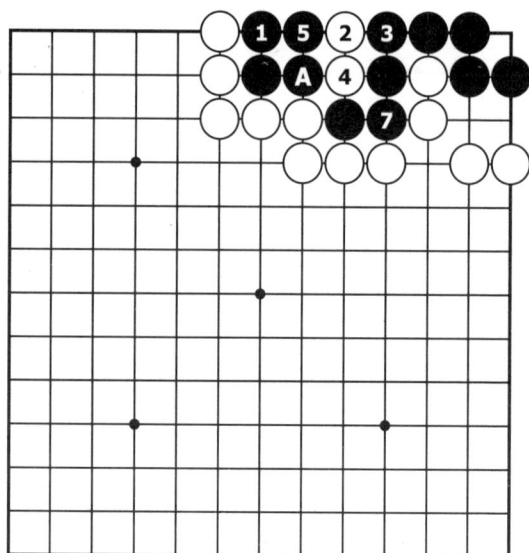

⑥ = ④，⑧ = ②，❾ = Ⓐ

错解

✕

黑 1 选择错误。
白 2 破眼，以下
可以杀掉黑棋。

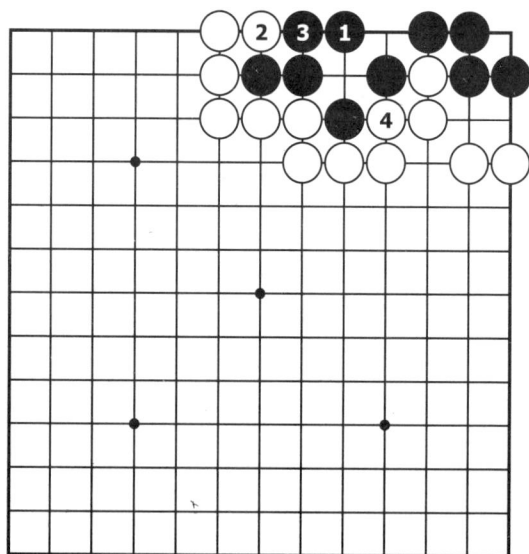

19 第19题（黑先）

难度：★ ★ ★ ★

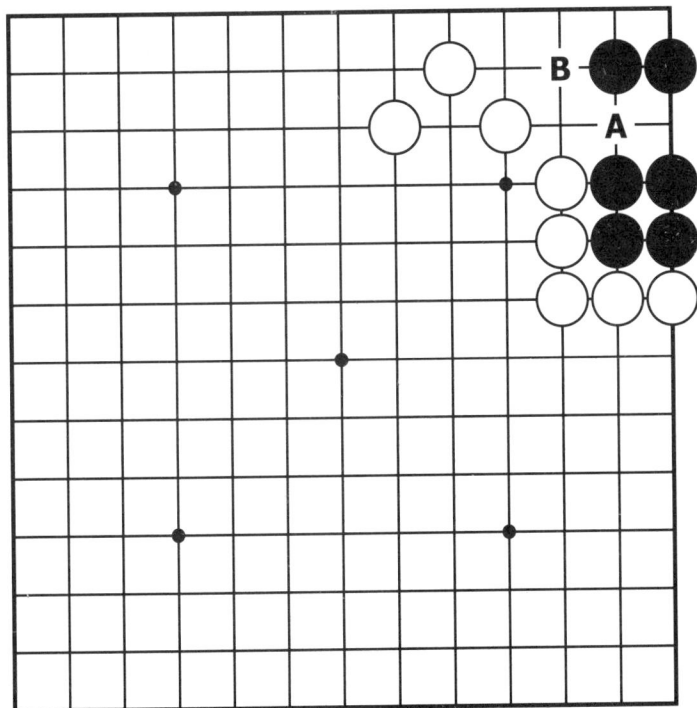

仔细算算，利用「倒脱靴」，该怎样下？在正确选项后面的括号中画「✓」。

A（　　）　　B（　　）

正解

〇

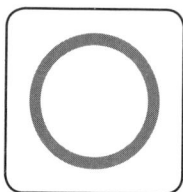

黑 1 选择正确。以下弃掉 4 子是好手，形成 "倒脱靴"，可以做活。

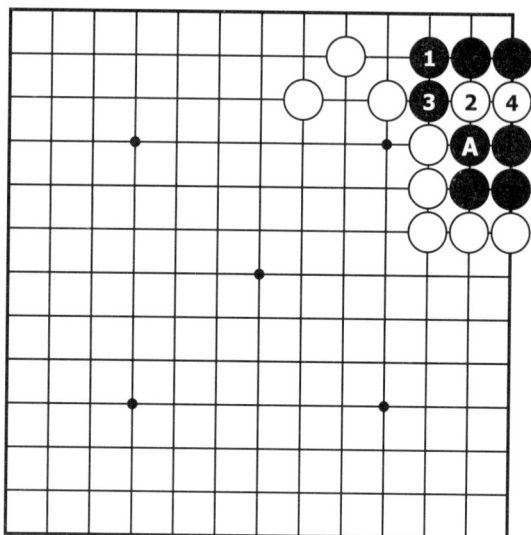

⑤ = Ⓐ

错解

✕

黑 1 选择错误。白 2 破眼，以下可以杀掉黑棋。

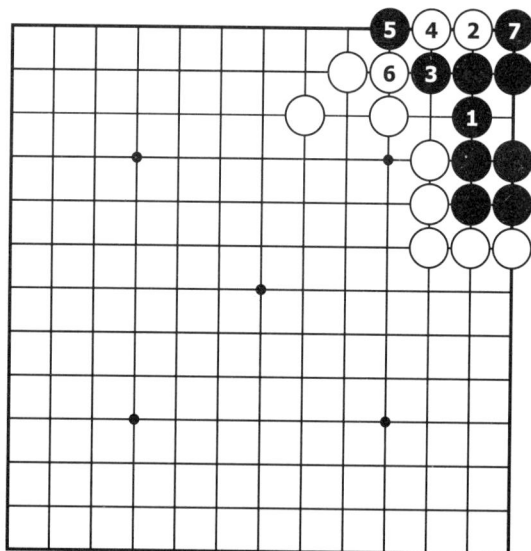

⑧ = ④

20 Q 第20题（黑先）

难度：★ ★ ★ ★

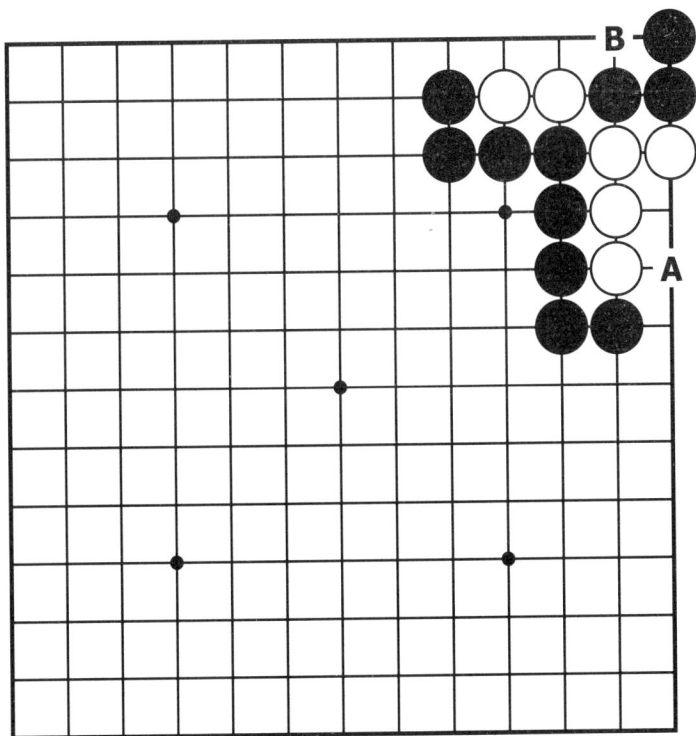

仔细算算，利用「倒脱靴」，该怎样下？在正确选项后面的括号中画「∨」。

A（　　）　　B（　　）

正 解

○

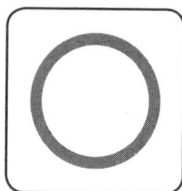

黑 1 选择正确。
以下弃掉 4 子是
好手，形成 "倒
脱靴"，可以杀
掉白棋。

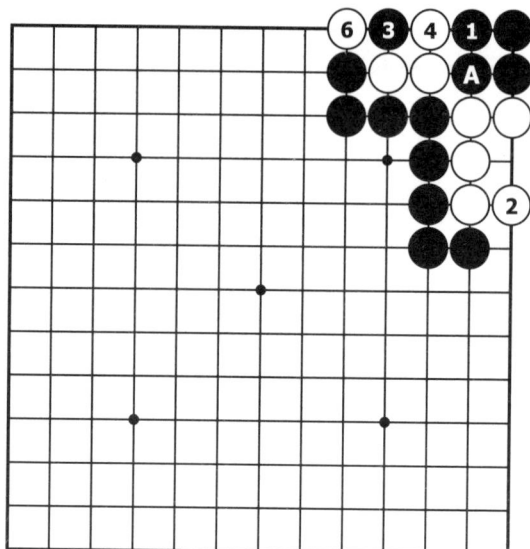

5 = **A** ，**7** = **1**

错 解

×

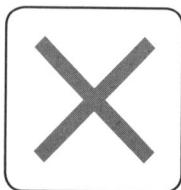

黑 1 选择错误。
白 2 提掉，以下
可以做活。

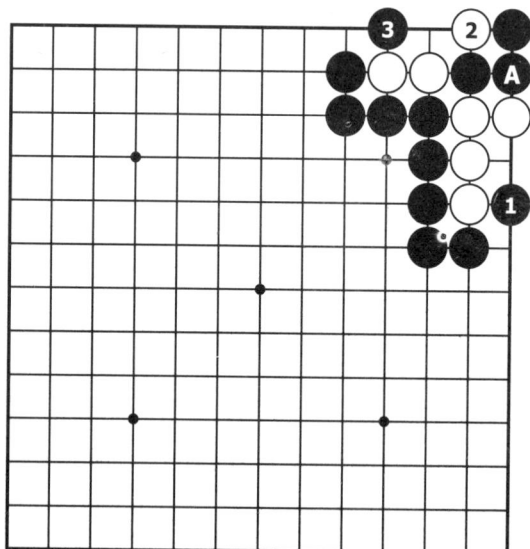

4 = **A**

21 第21题（黑先）

难度：★★★★★★★

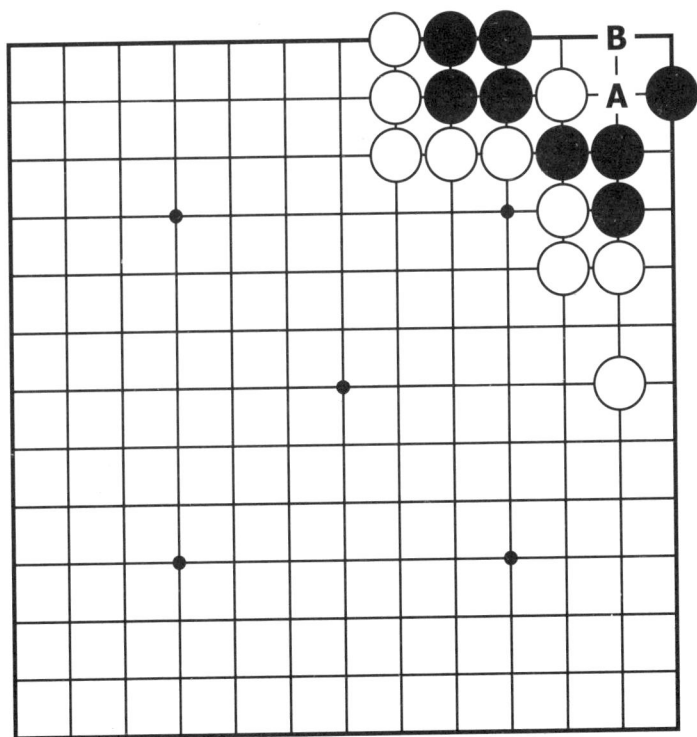

仔细算算，利用「倒脱靴」，该怎样下？在正确选项后面的括号中画「∨」。

A（   ）   B（   ）

正解

⭕

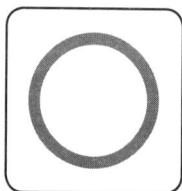

黑 1 选择正确。
以下弃掉 4 子是
好手，形成"倒
脱靴"，可以做活。

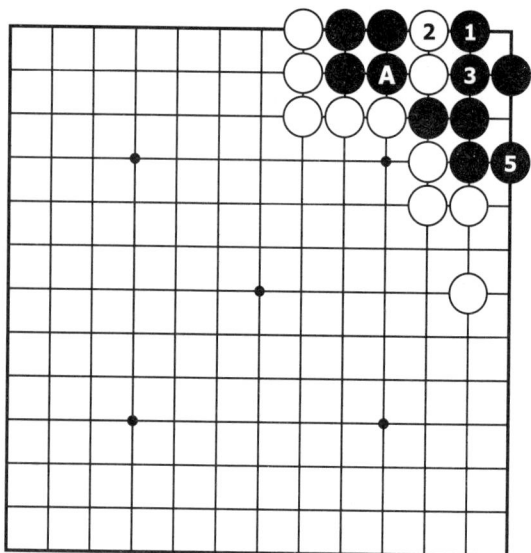

④ = Ⓐ

错解

❌

黑 1 选择错误。
白 2 破眼，以下
可以杀掉黑棋。

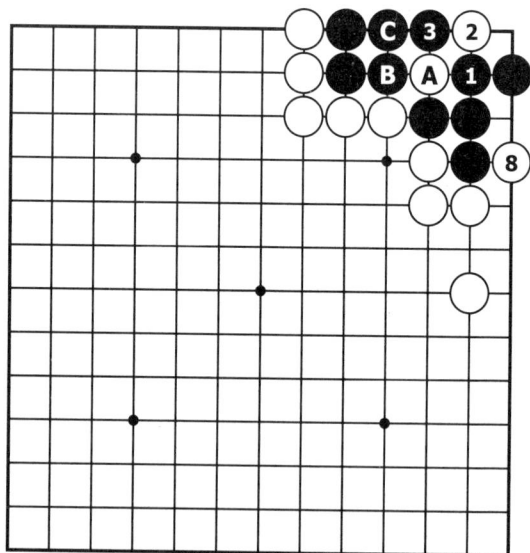

④ = Ⓐ，❺ = Ⓑ，⑥ = ❸，❼ = Ⓒ

22 第22题（黑先）

难度：★★★

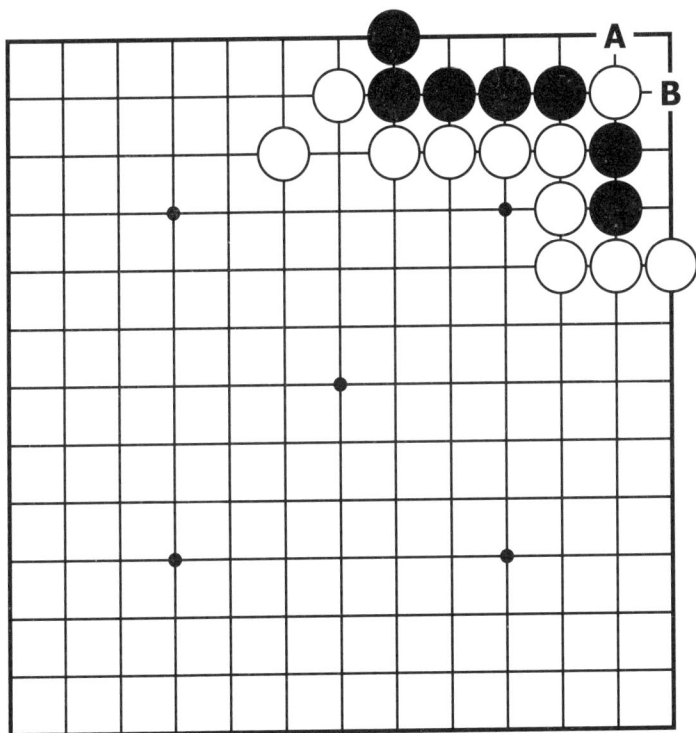

仔细算算，利用「倒脱靴」，该怎样下？在正确选项后面的括号中画「∨」。

A（　　） B（　　）

正解

〇

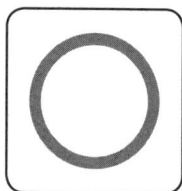

黑 1 选择正确。
以下弃掉 4 子是
好手，形成"倒
脱 靴"，可以
做活。

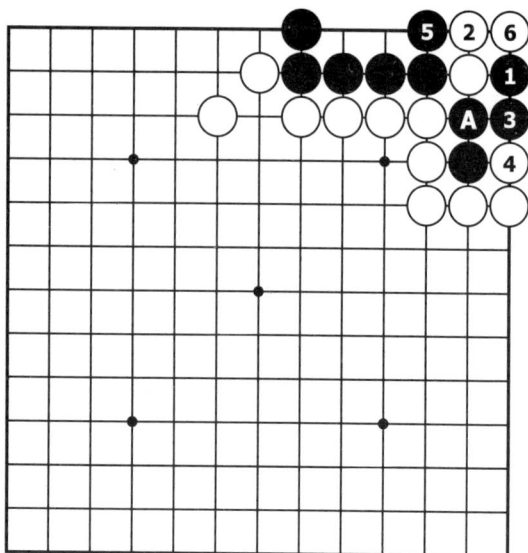

7 = A

错解

✕

黑 1 选择错误。
白 2 形成金鸡独
立,可以杀掉黑棋。

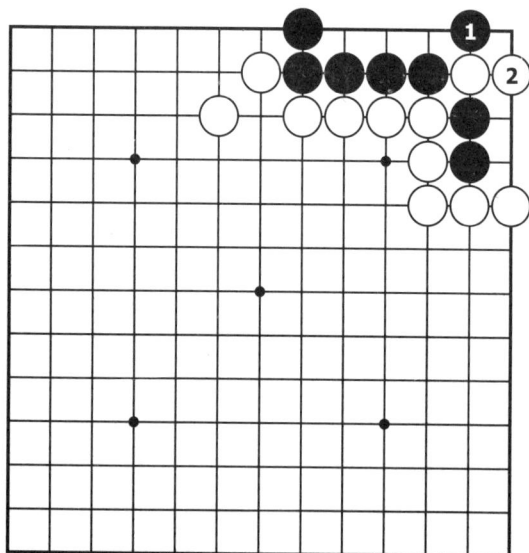

23

第 23 题（黑先）

难度：★ ★ ★

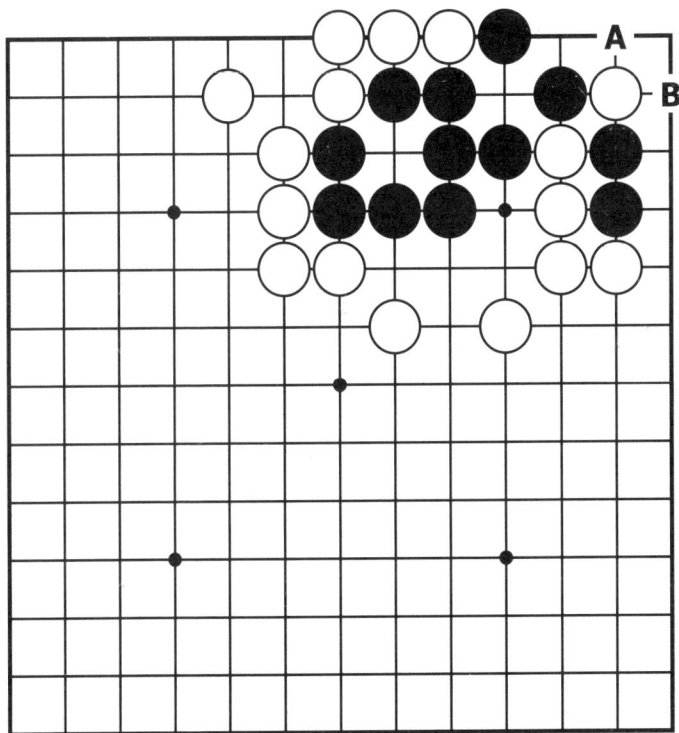

仔细算算，利用「倒脱靴」，该怎样下？在正确选项后面的括号中画「√」。

A（　　） B（　　）

正解

〇

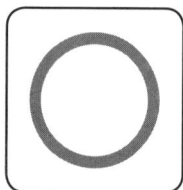

黑 1 选择正确。
以下弃掉 4 子是好
手，形成"倒脱
靴"，可以做活。

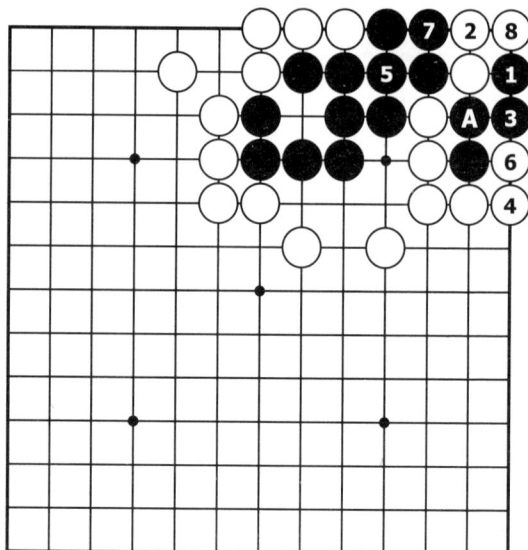

9 = Ⓐ

错解

✕

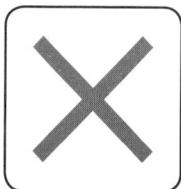

黑 1 选择错误。
白 2 形成金鸡
独立，可以杀
掉黑棋。

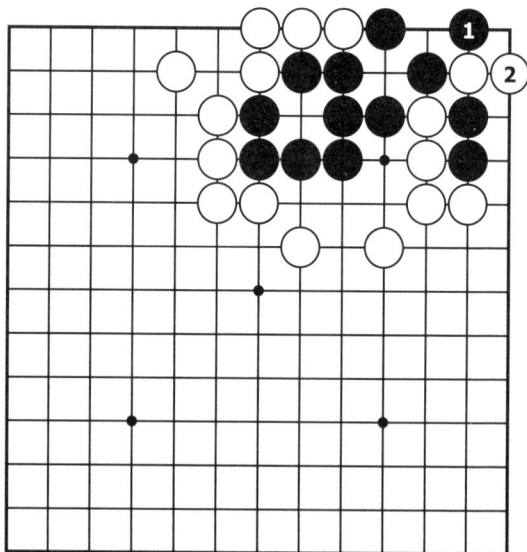

24 第24题（黑先）

难度：★★★★

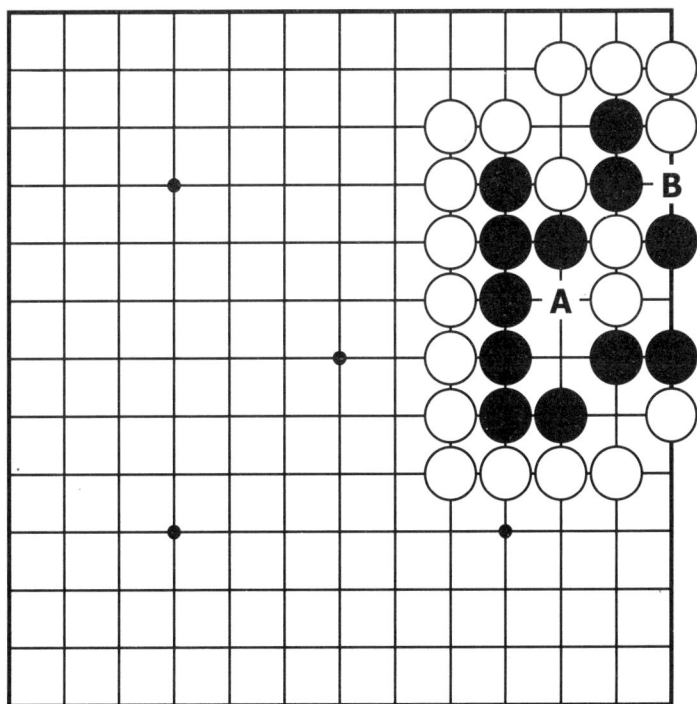

仔细算算，利用「倒脱靴」，该怎样下？在正确选项后面的括号中画「✓」。

A（　　）　　B（　　）

正 解

◯

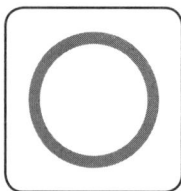

黑 1 选择正确。以
下弃掉 4 子是好
手，形成 "倒脱
靴"，可以做活。

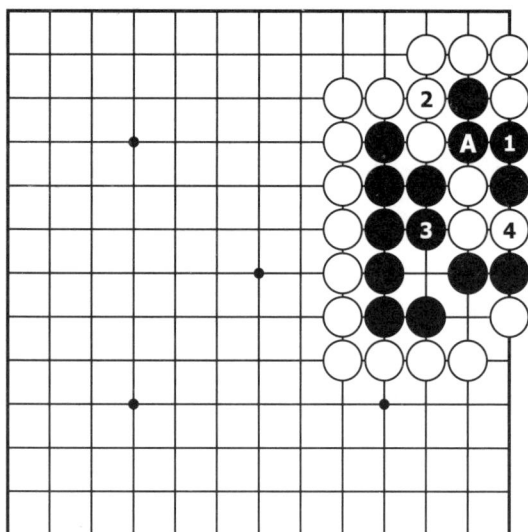

⑤ = Ⓐ

错 解

✕

黑 1 选择错误。
白 2 破眼，以下
可以杀掉黑棋。

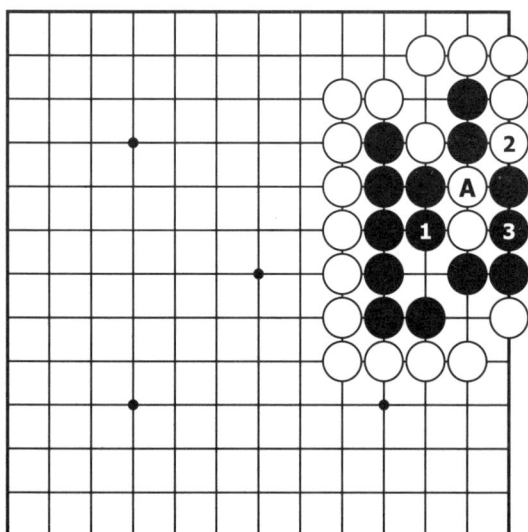

④ = Ⓐ

25 第25题（黑先）

难度：★★★★★★★

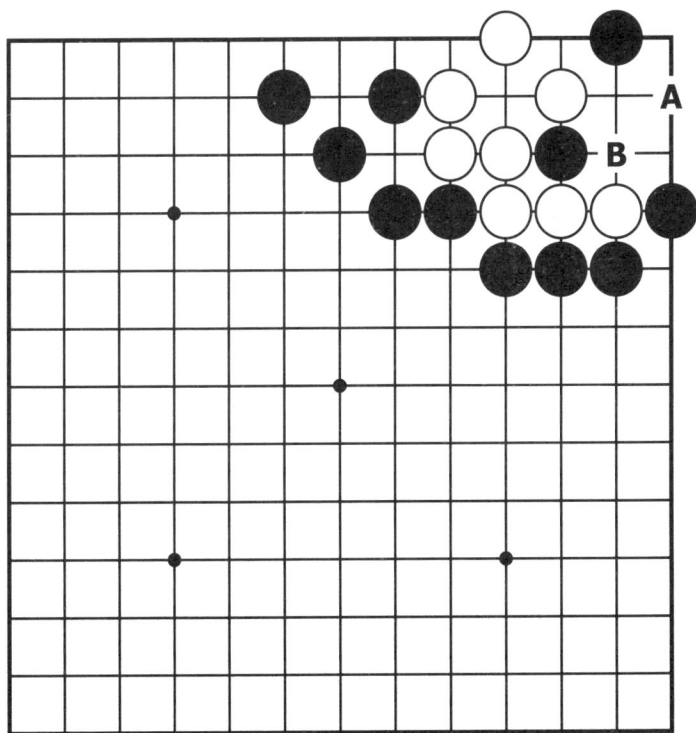

仔细算算，利用「倒脱靴」，该怎样下？在正确选项后面的括号中画「∨」。

A（　　）　　B（　　）

正 解

○

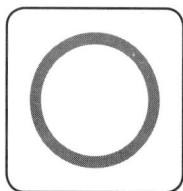

黑 1 选择正确。
以下弃掉 6 子绝
妙，形成 "倒脱
靴"，可以杀掉
白棋。

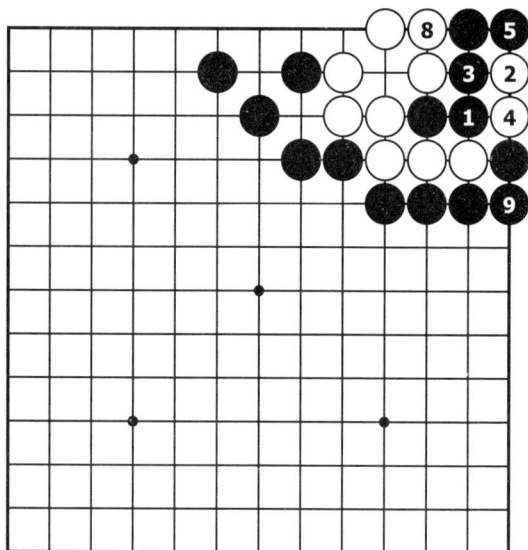

⑥＝④，❼＝②，⑩＝④，❶❶＝❶

错 解

✕

黑 1 选择错误。
白 2 提掉一子可
以做活。

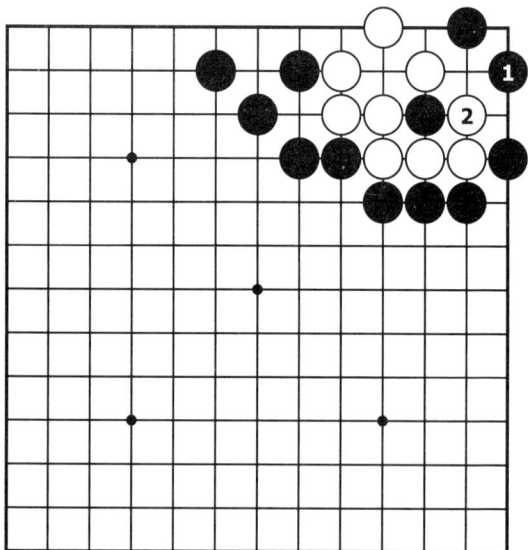

26 第26题（黑先）

难度：★★★★

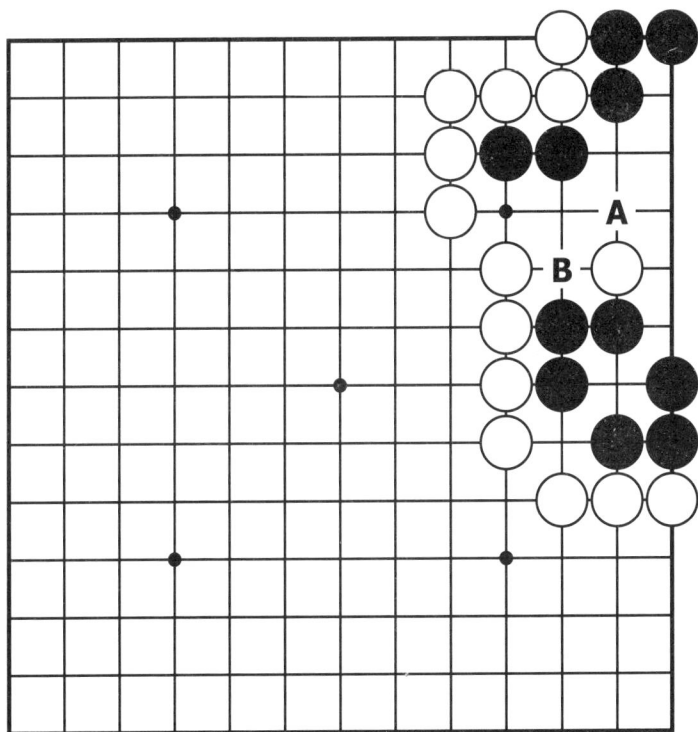

仔细算算，利用「倒脱靴」，该怎样下？在正确选项后面的括号中画「√」。

A（　　） B（　　）

正 解

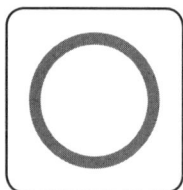

黑 1 选择正确。
以下弃掉 4 子是
好手，形成 "倒
脱靴"，可以做活。

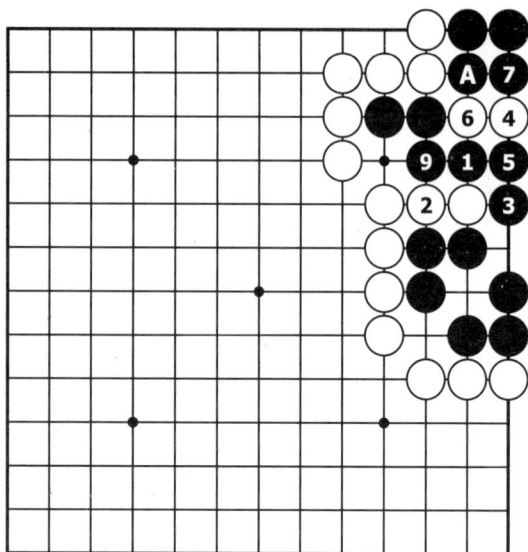

⑧ = ⑥ ， ⑩ = ④ ， ⓫ = Ⓐ

错 解

黑 1 选择错误。
白 2 以下可以杀
掉黑棋。

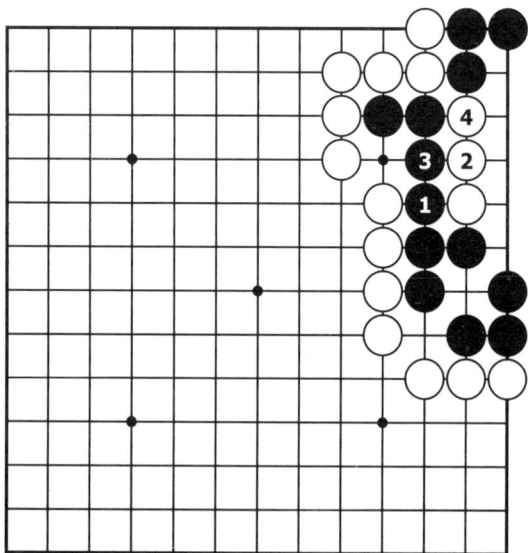

27 第27题（黑先）

难度：★ ★ ★ ★ ★

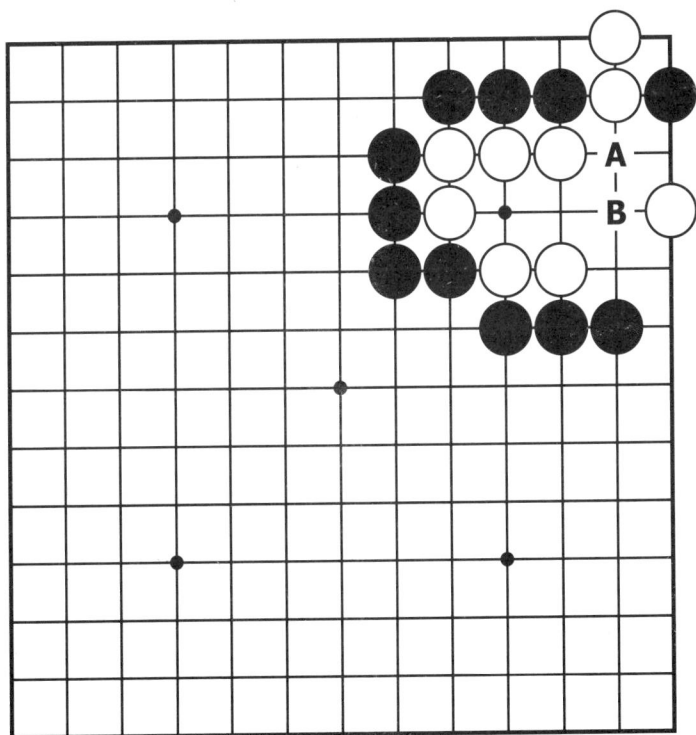

仔细算算，利用「倒脱靴」，该怎样下？在正确选项后面的括号中画「✓」。

A（　　）　　B（　　）

正解

〇

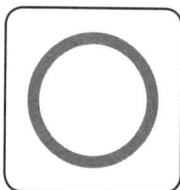

黑 1 选择正确。
以下弃掉 4 子是
好手，形成 "倒
脱靴"，可以杀
掉白棋。

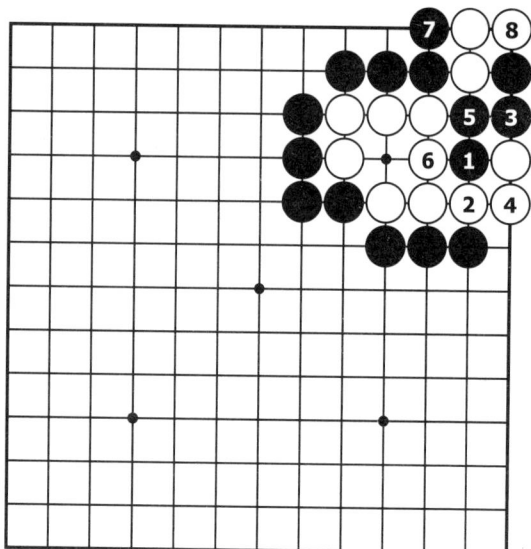

9 = ②

错解

✕

黑 1 选择错误。
白 2 打吃后可以
简单做活。

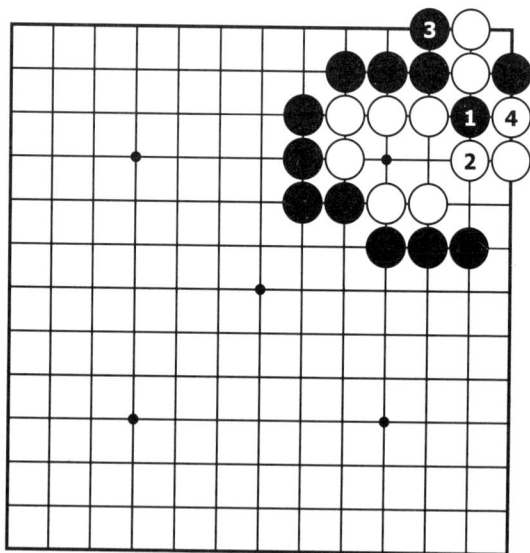

28 第28题（黑先）

难度：★★★★★

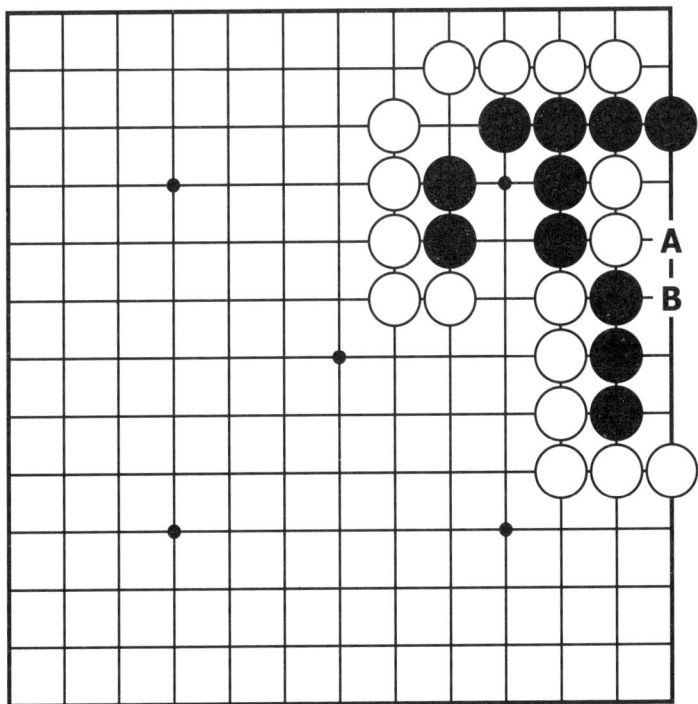

仔细算算，利用「倒脱靴」，该怎样下？在正确选项后面的括号中画「∨」。

A（　　） B（　　）

正解

○

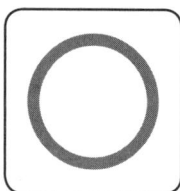

黑 1 选择正确。以
下弃掉 5 子是好
手，形成 "倒脱
靴"，可以做活。

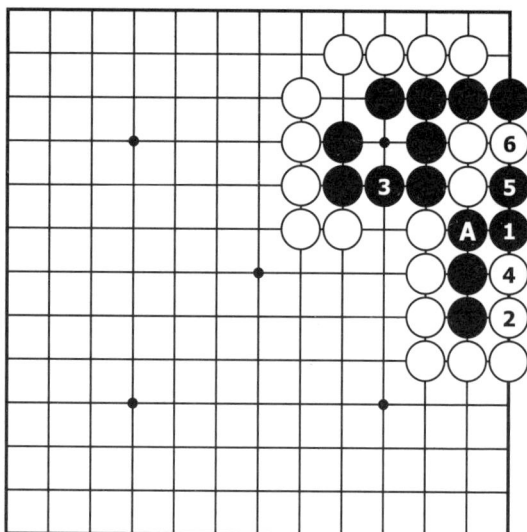

7 = A

错解

✕

黑 1 选择错误。
白 2 破眼，以下
可以杀掉黑棋。

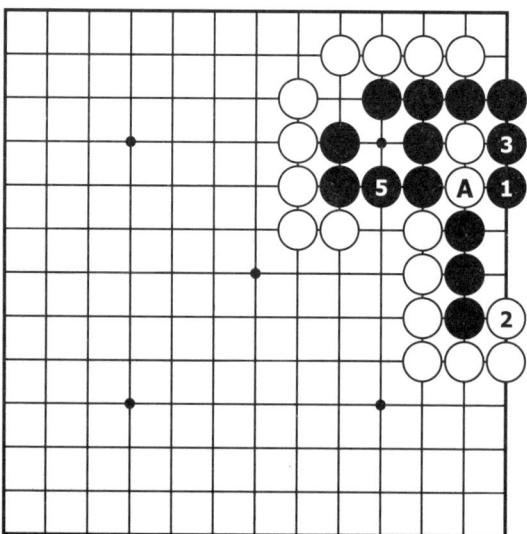

4 = A

29 第29题(黑先)

难度:★★★★★

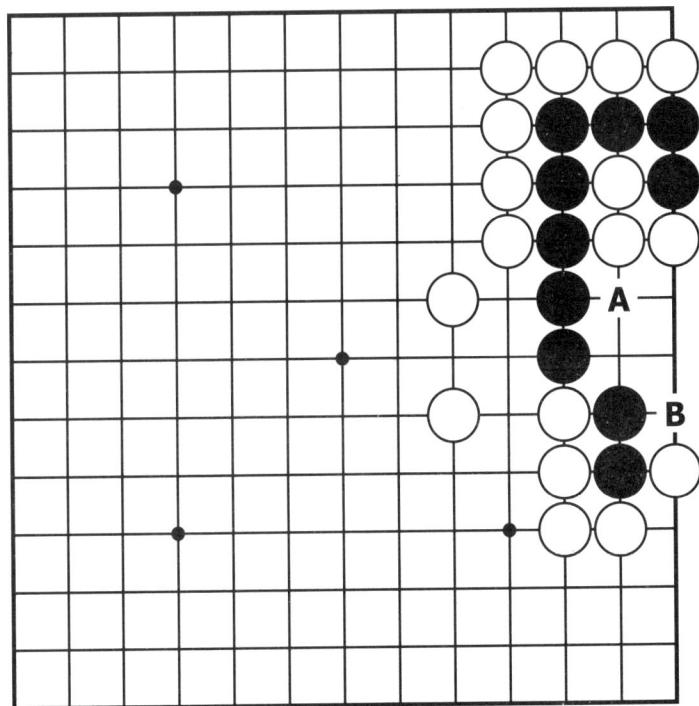

A(　　)　　B(　　)

正 解

○

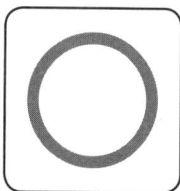

黑 1 选择正确。
以下弃掉 3 子是
好手，形成"倒
脱靴"，可以做活。

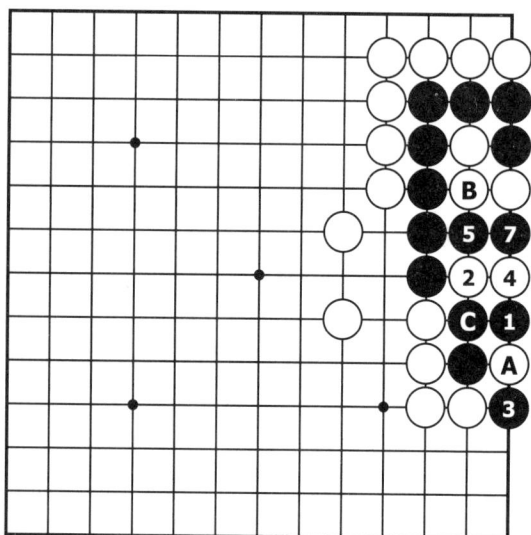

⑥ = Ⓐ， ⑧ = Ⓑ， ❾ = Ⓒ

错 解

✕

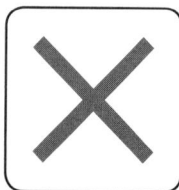

黑 1 选择错误。
白 2 破眼，以下
可以杀掉黑棋。

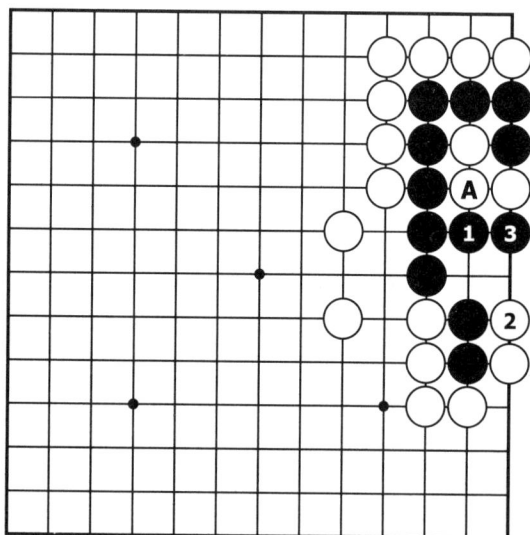

④ = Ⓐ

30 第30题（黑先）

难度：★★★★★

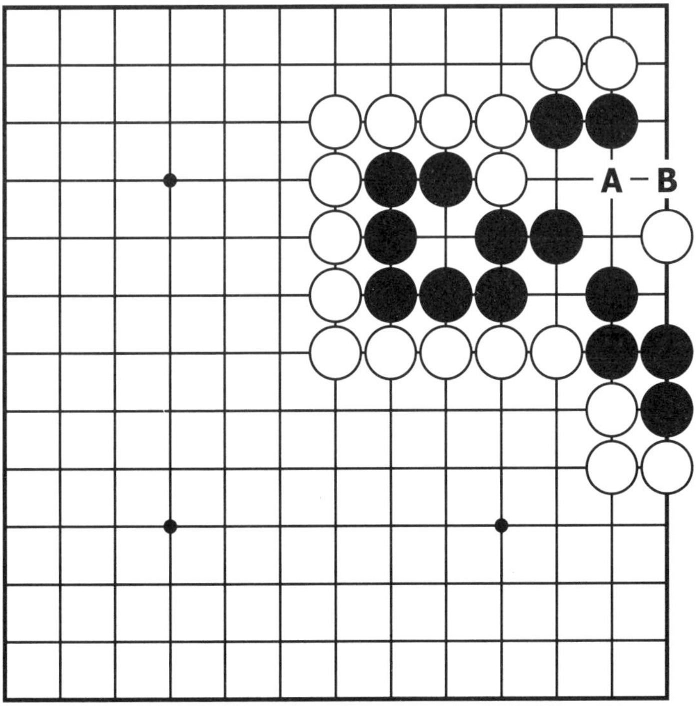

仔细算算，利用「倒脱靴」，该怎样下？在正确选项后面的括号中画「√」。

A（　　）　　B（　　）

正解

◯

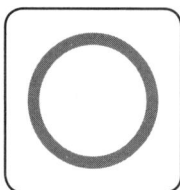

黑 1 选择正确。
以下弃掉 5 子是
好手，形成 "倒
脱靴"，可以做活。

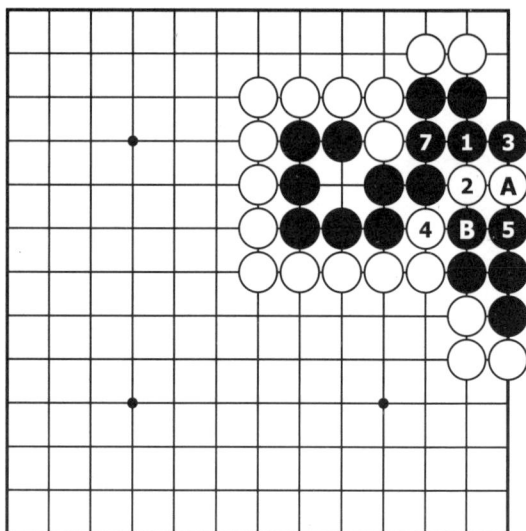

⑥ = ②，⑧ = Ⓐ，❾ = Ⓑ

错解

✕

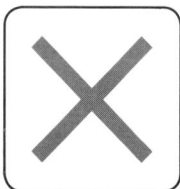

黑 1 选择错误。
白 2 破眼，以下
可以杀掉黑棋。

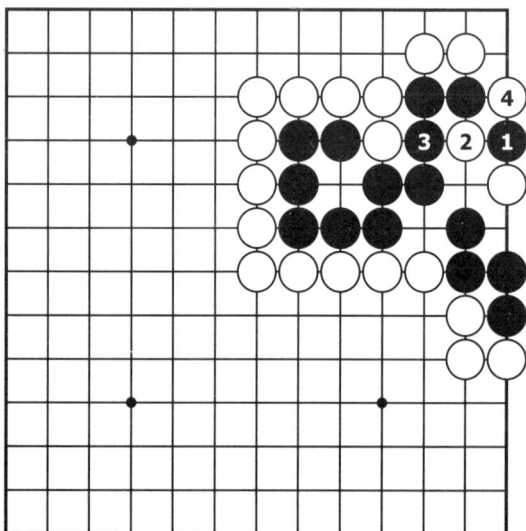

第 3 章

联络的手筋

本章将讨论如何将自己的棋子联络起来，以确保安全。《棋经》云：
"善战者不败。"善于作战的人，先将自身置于不败之地。棋子之
间的联络是围棋中一个重要的课题。

小贴士　想要联络，一般都需要思考两个问题：第一，己方棋子是否能一子两用；第二，如何利用对方的缺陷。如果能善用这两种策略，本章的问题将迎刃而解。

Q1 第1题（黑先）

难度：★★

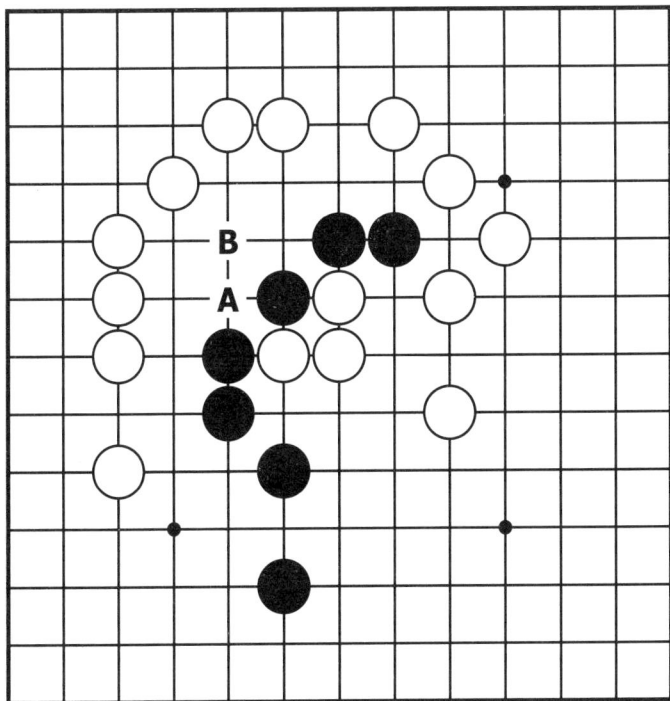

想一想，该怎样联络？在正确选项后面的括号中画「∨」。

A（　　）　　B（　　）

正解

〇

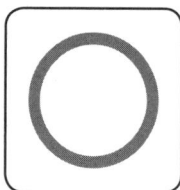

黑 1 选择正确。
同时防住两处断
点，形成联络。

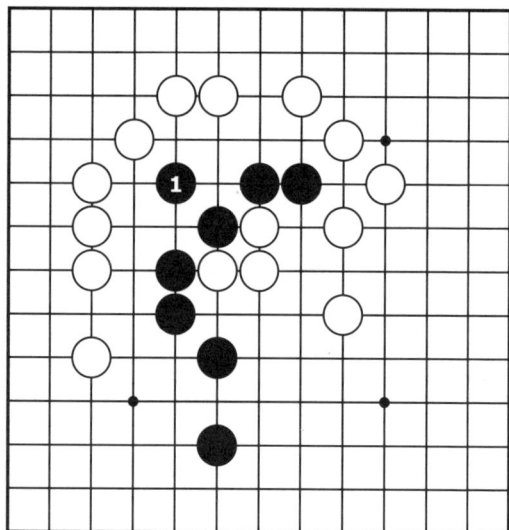

错解

✕

黑 1 选择错误。
白 2 以下可以断
开黑棋。

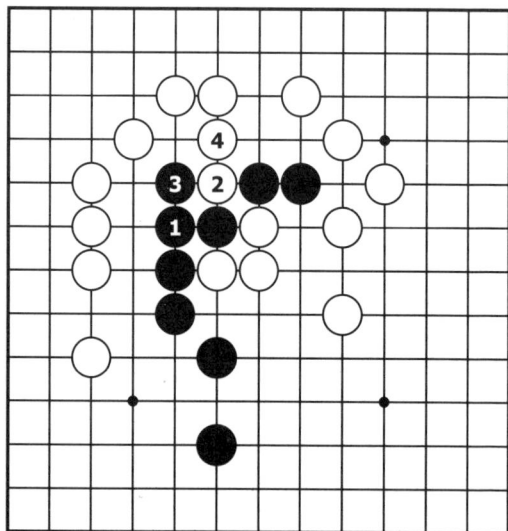

② 第 2 题（黑先）

难度：★ ★ ★

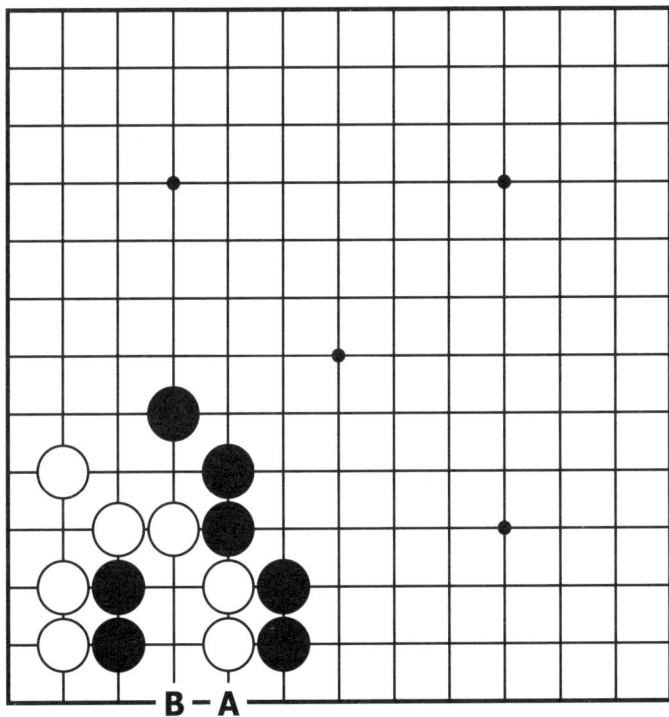

想一想，该怎样联络？在正确选项后面的括号中画「∨」。

A（　　　）　　B（　　　）

正解

○

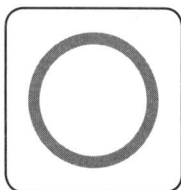

黑 1 选择正确。
利用白棋气紧，
可以联络。

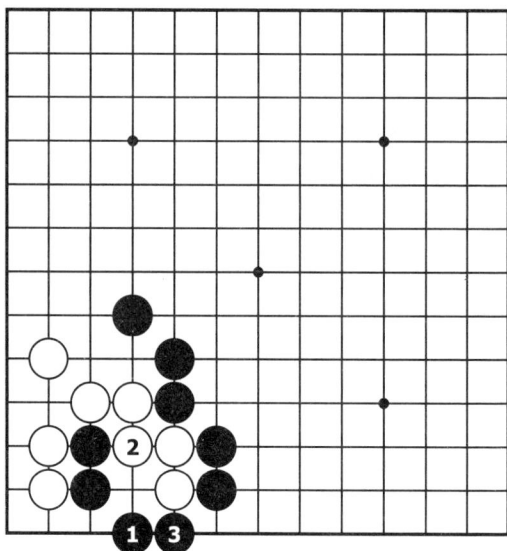

错解

✕

黑 1 选择错误。
白 2 打吃，可以
断开黑棋。

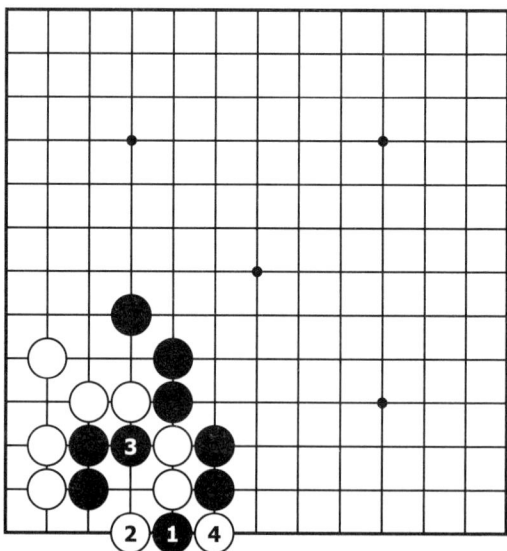

3 第3题（黑先）

难度：★ ★ ★

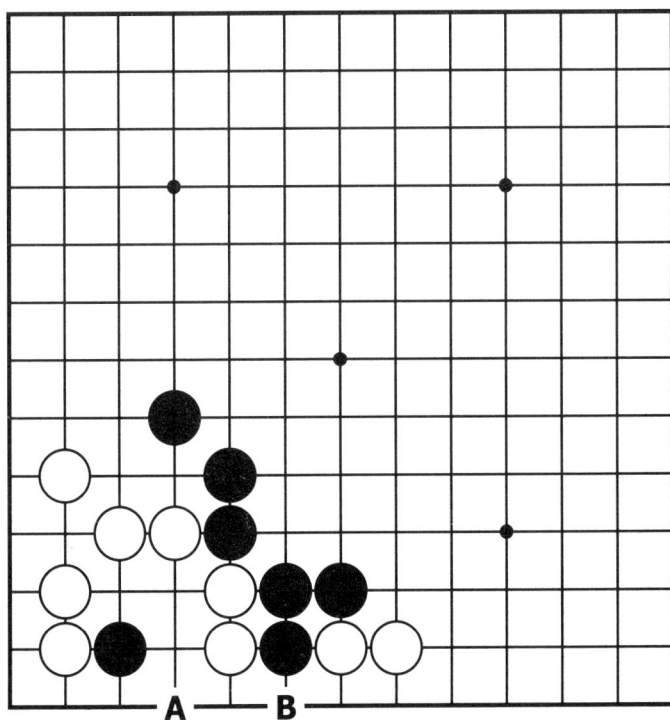

想一想，该怎样联络？在正确选项后面的括号中画「∨」。

A（　　）　　B（　　）

正解

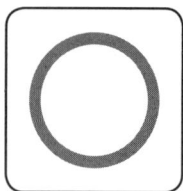

黑 1 选择正确。
利用白棋气紧，
可以联络。

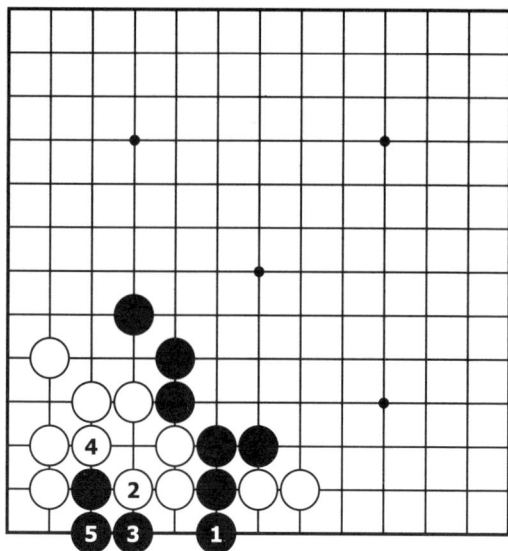

错解

黑 1 选择错误。
白 2 挡住，可以
断开黑棋。

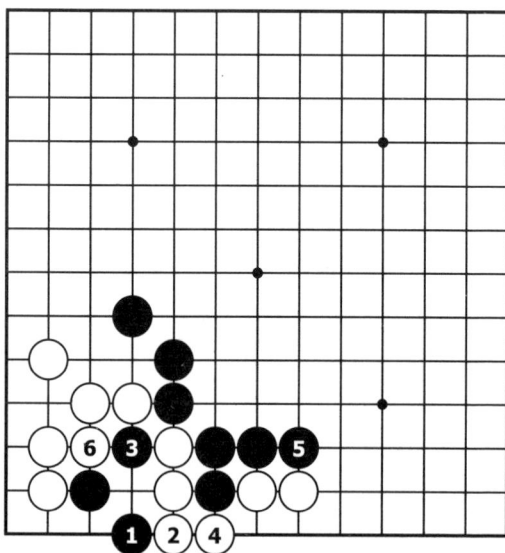

4 第4题（黑先）

难度：★ ★

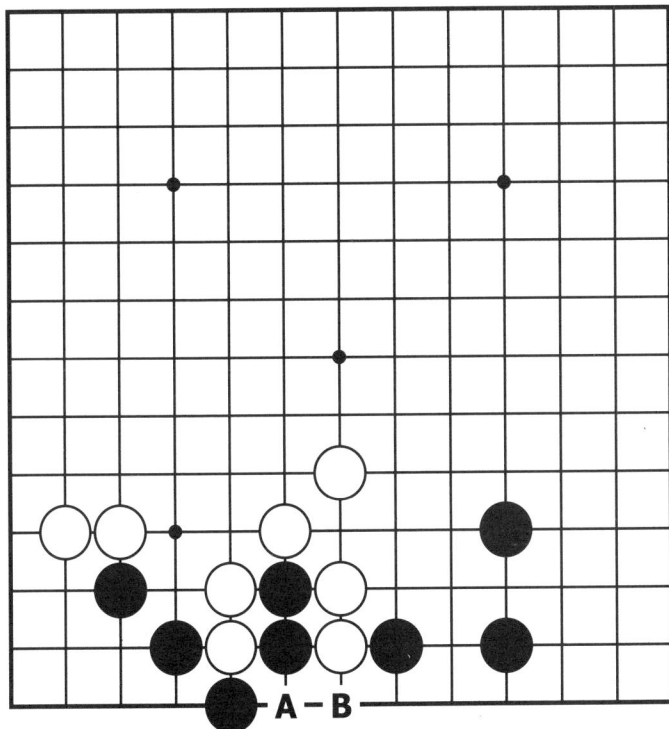

想一想，该怎样联络？在正确选项后面的括号中画「∨」。

A（　　）　B（　　）

正 解

⭕

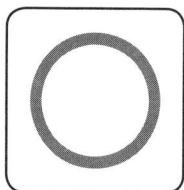

黑 1 选择正确。
利用弃子，可以
联络。

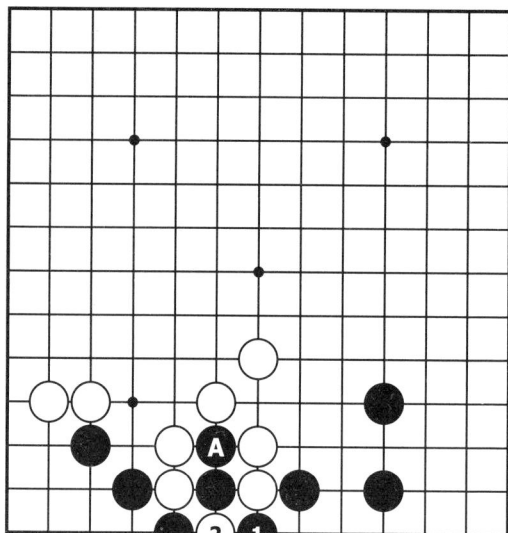

❸ = Ⓐ

错 解

❌

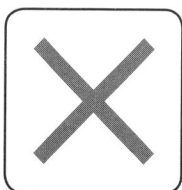

黑 1 选择错误。
白 2 以下可以断
开黑棋。

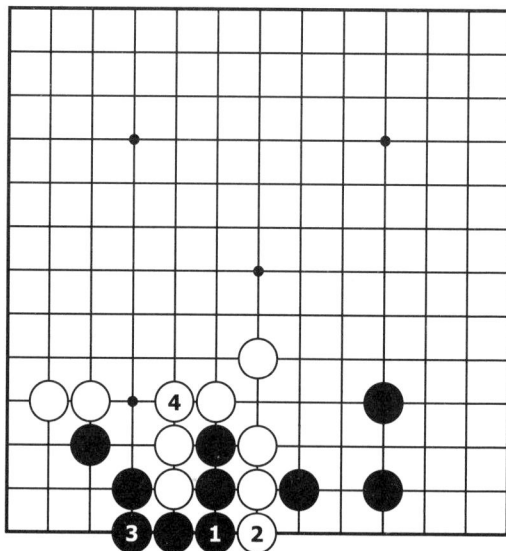

Q5 第5题（黑先）

难度：★★★

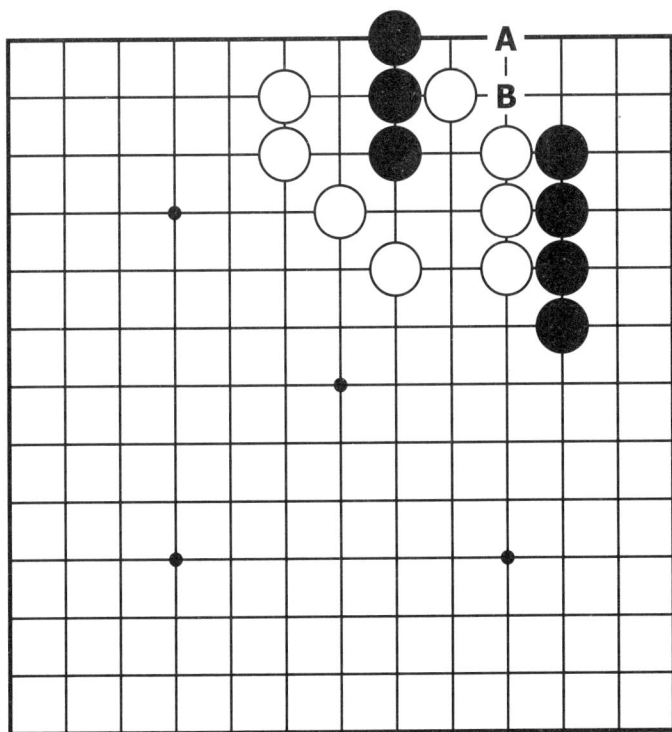

想一想，该怎样联络？在正确选项后面的括号中画「√」。

A（　　）　　B（　　）

正解

◯

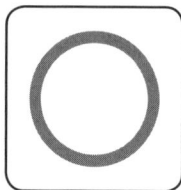

黑 1 选择正确。
利用白棋气紧，
可以联络。

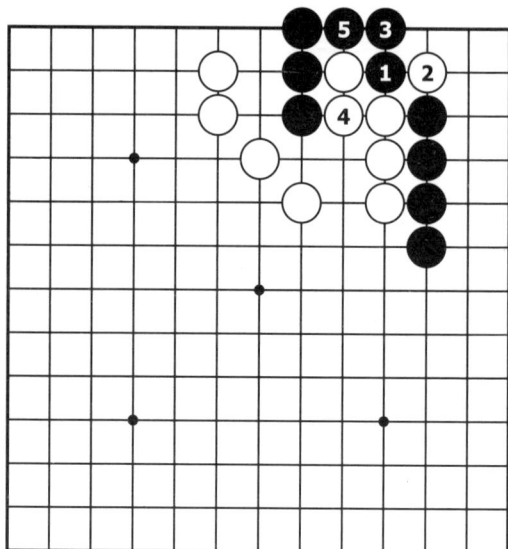

错解

✗

黑 1 选择错误。
白 2 以下可以断
开黑棋。

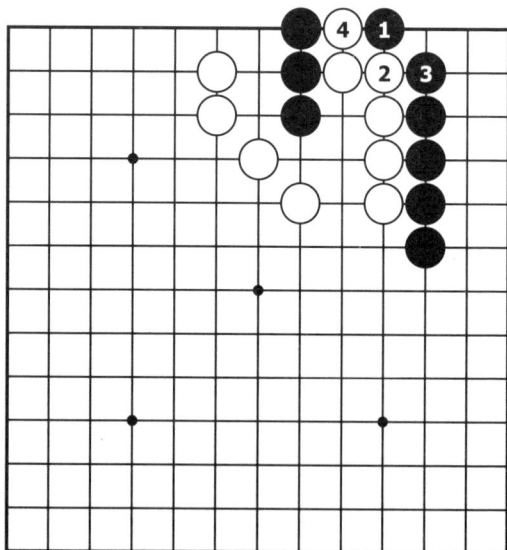

Q6 第6题（黑先）

难度：★★★

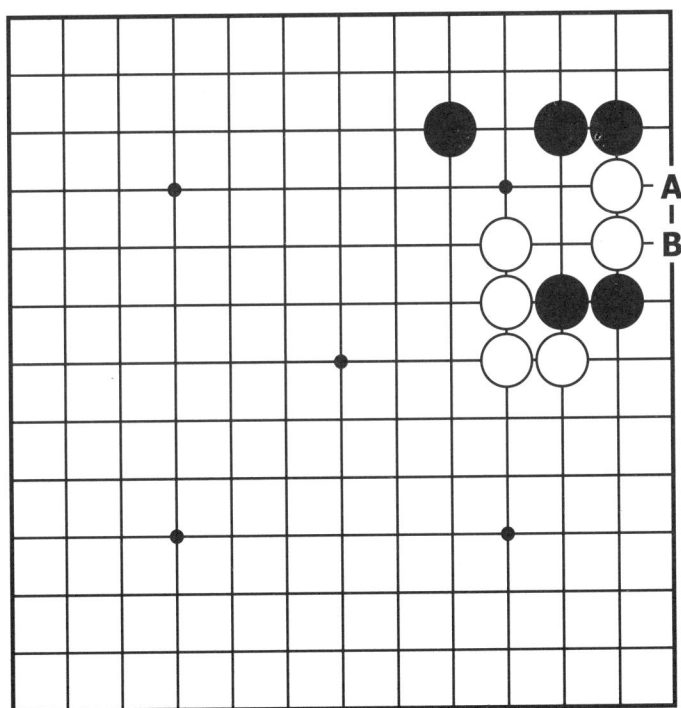

A（　　）　　B（　　）

正解

◯

黑1选择正确。利用白棋气紧，可以联络。白2反抗将被黑棋反杀。

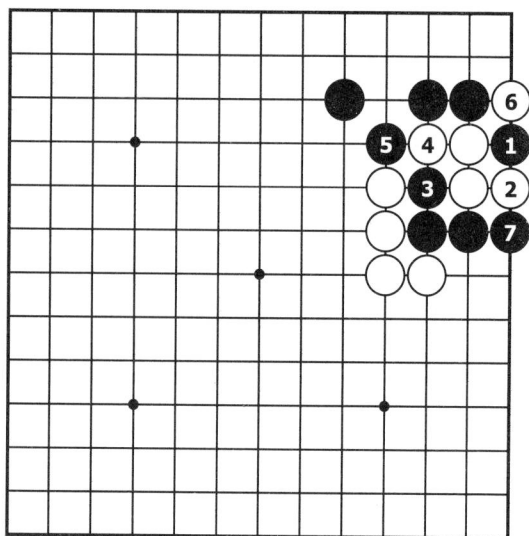

错解

✕

黑1选择错误。白2可以断开黑棋，对杀黑气不够。

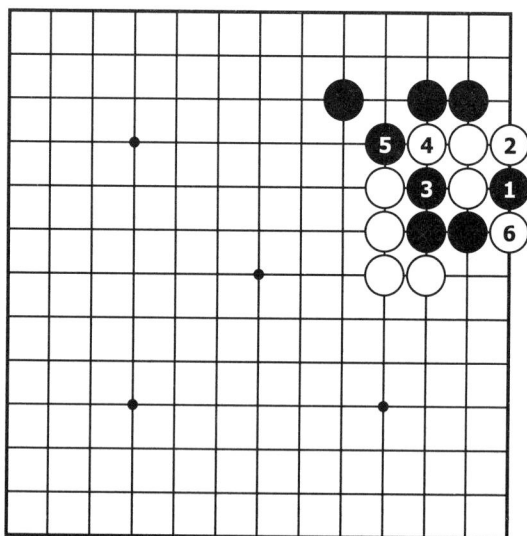

7 第7题(黑先)

难度:★★★

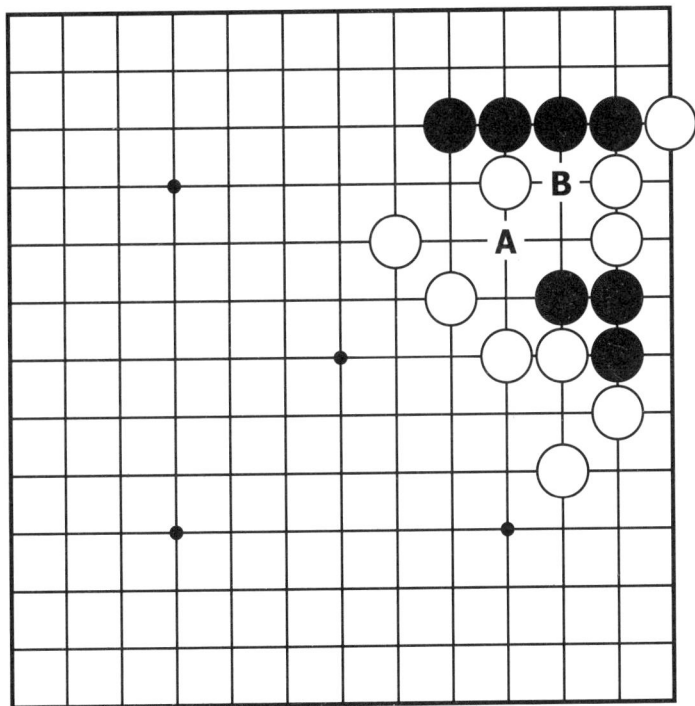

想一想,该怎样联络?在正确选项后面的括号中画「∨」。

A (　　)　　B (　　　)

正 解

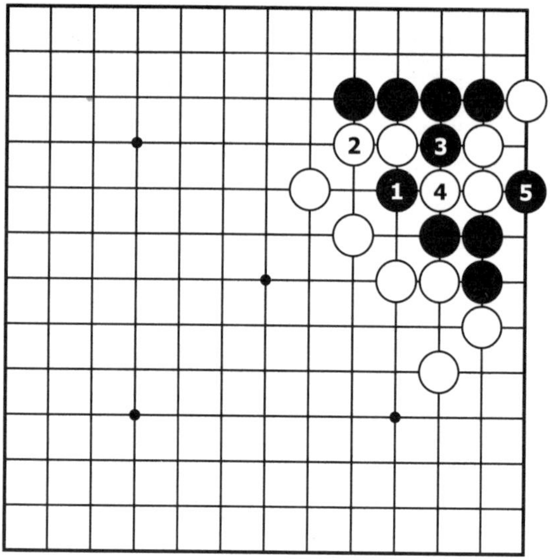

◯

黑 1 选择正确。
利用白棋气紧，
可以联络。

错 解

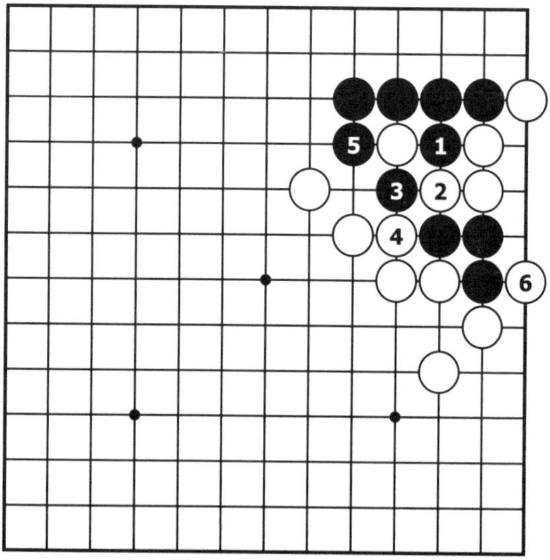

✕

黑 1 选择错误。
白 2 以下可以断
开黑棋，对杀黑
棋不够。

8 第8题（黑先）

难度：★ ★

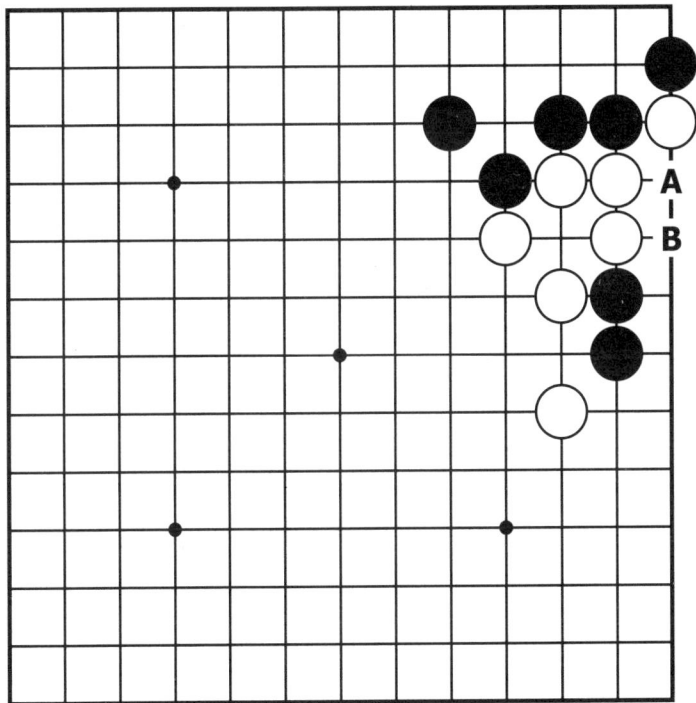

想一想，该怎样联络？在正确选项后面的括号中画「∨」。

A (　　　)　　B (　　　)

正解

〇

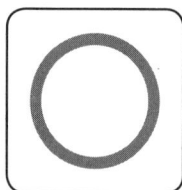

黑 1 选择正确。
利用白棋气紧，
可以联络。

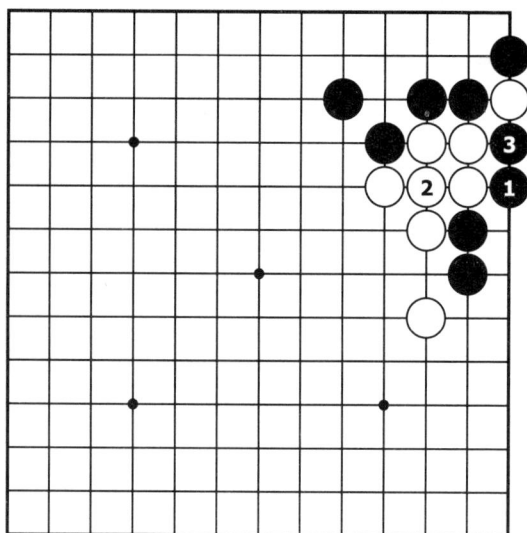

错解

✕

黑1选择错误。白
2 可以断开黑棋。

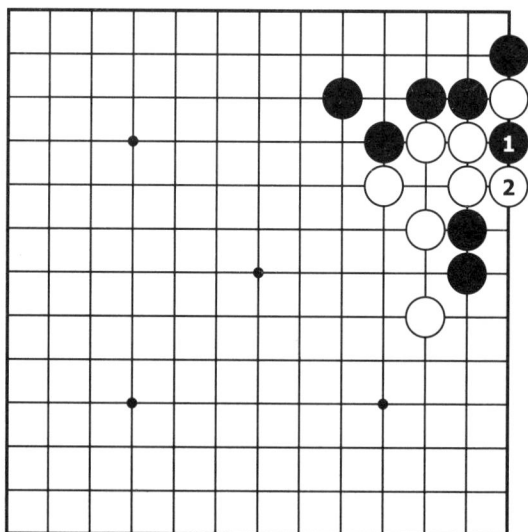

9 第9题（黑先）

难度：★★★

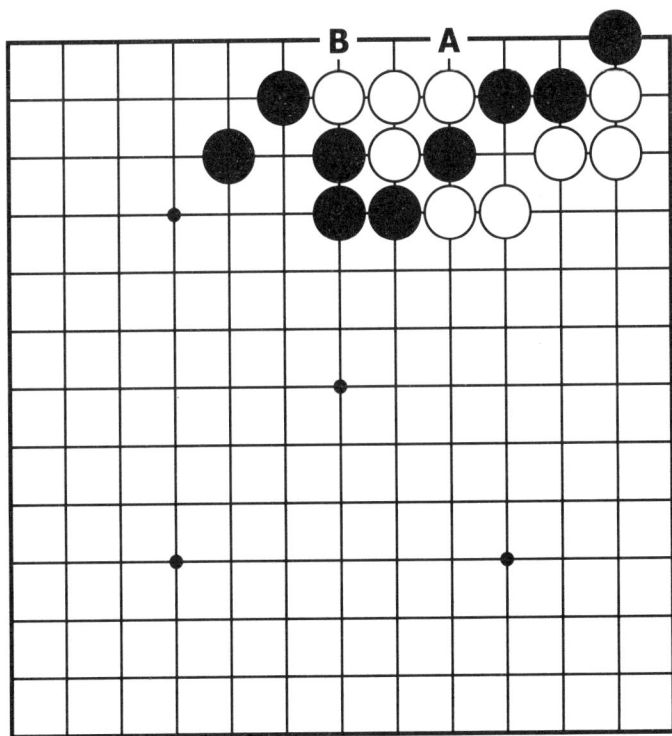

想一想，该怎样联络？在正确选项后面的括号中画「✓」。

A（　　）　　B（　　）

正解

〇

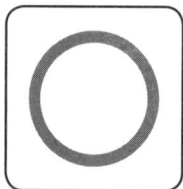

黑 1 选择正确。
利用白棋气紧，
可以联络。

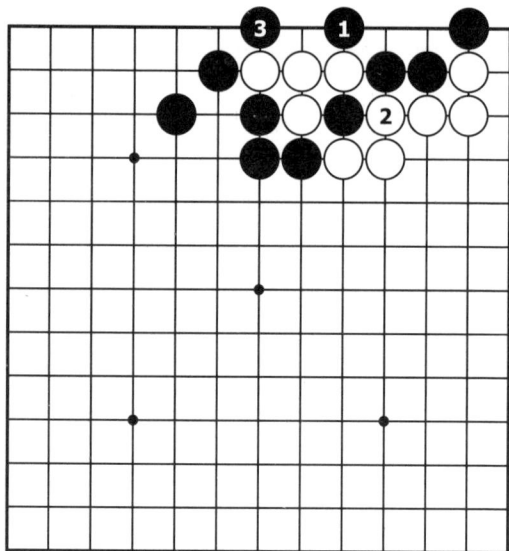

错解

✕

黑 1 选择错误。白
2 弯是妙手，以下
可以断开黑棋。

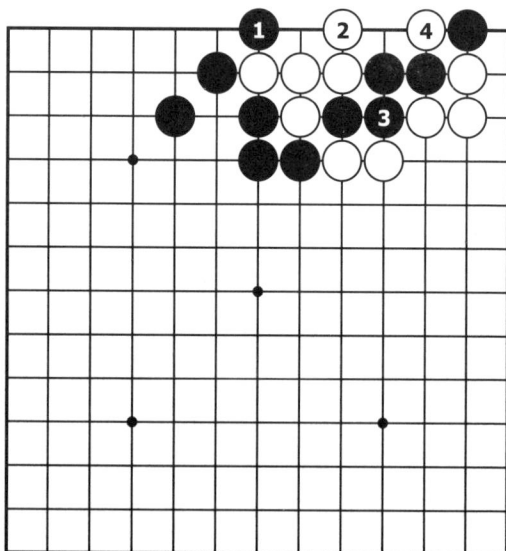

⑩Q 第10题（黑先）

难度：★ ★ ★

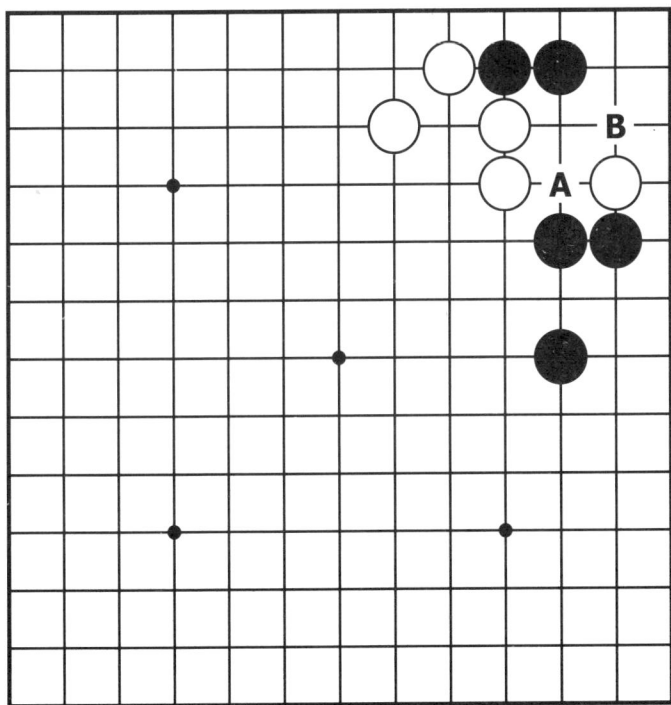

想一想，该怎样联络？在正确选项后面的括号中画「√」。

A（　　）　　B（　　）

正解

⭕

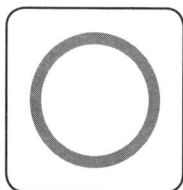

黑 1 选择正确。
一子两用，可以
联络。

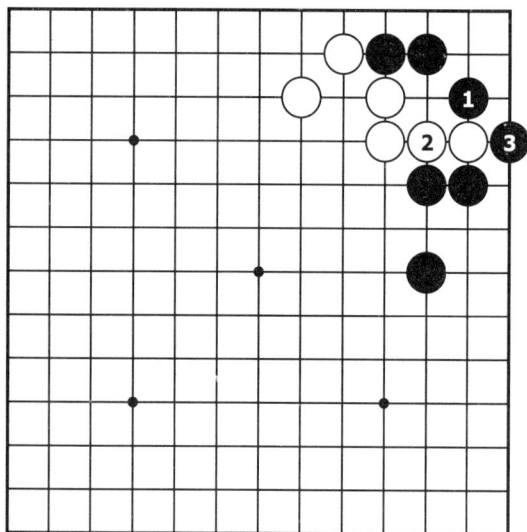

错解

❌

黑 1 选择错误。
白 2 以下可以断
开黑棋，对杀黑
气不够。

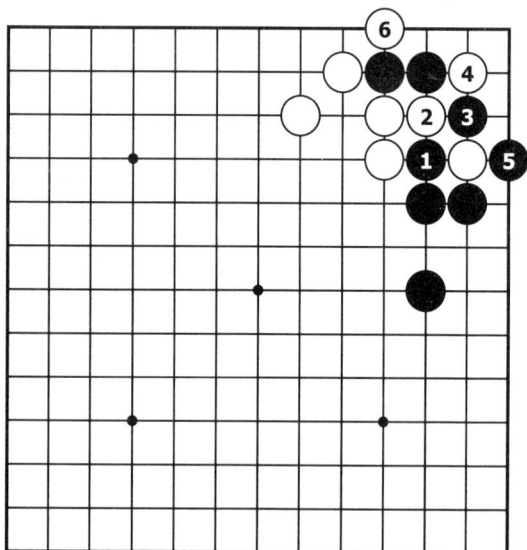

⑪ 第11题（黑先）

难度：★ ★ ★

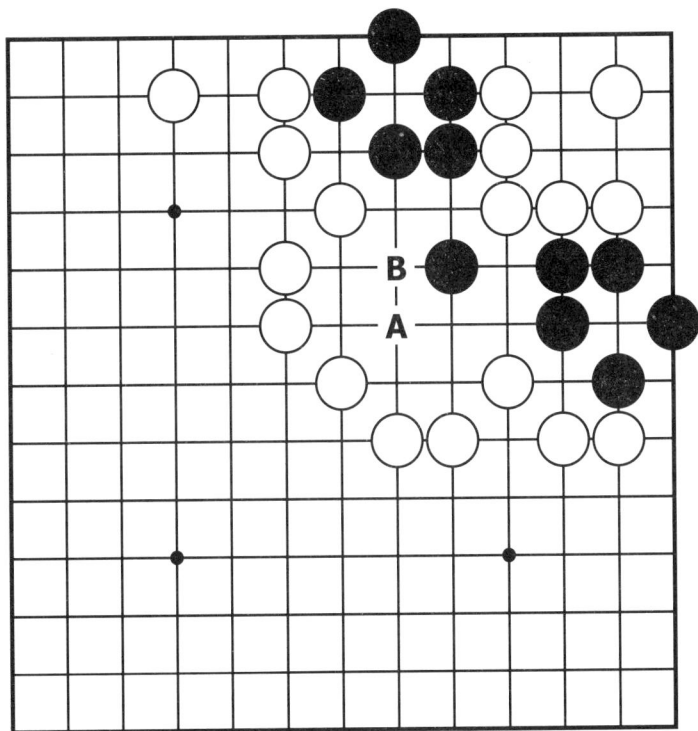

想一想，该怎样联络？在正确选项后面的括号中画「✓」。

A（　　）　　B（　　）

正解

◯

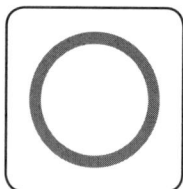

黑 1 选择正确。
同时防住两处断
点，可以联络。

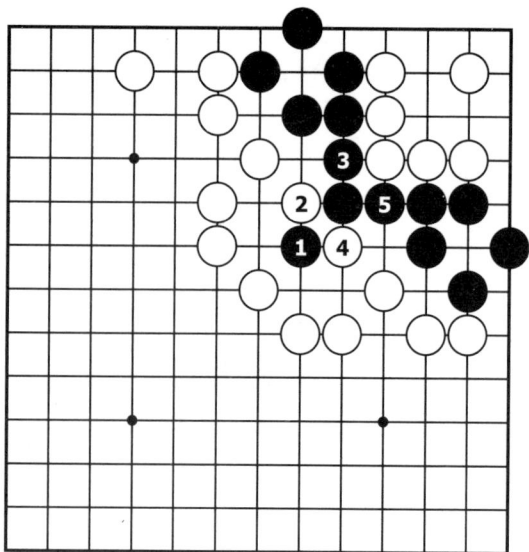

错解

✕

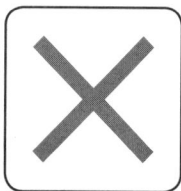

黑 1 选择错误。
白 2 以下可以断
开黑棋。

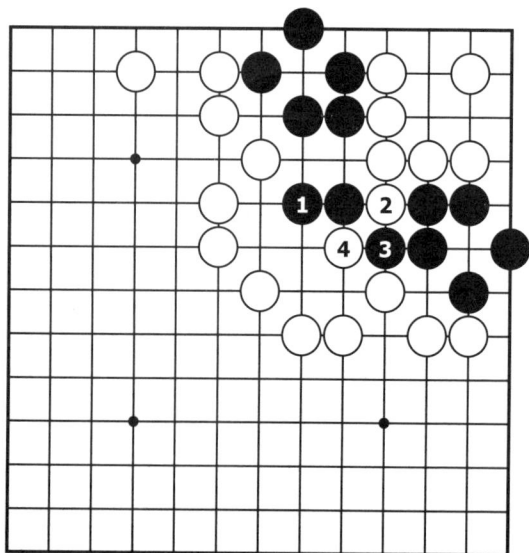

12 第12题（黑先）

难度：★ ★ ★

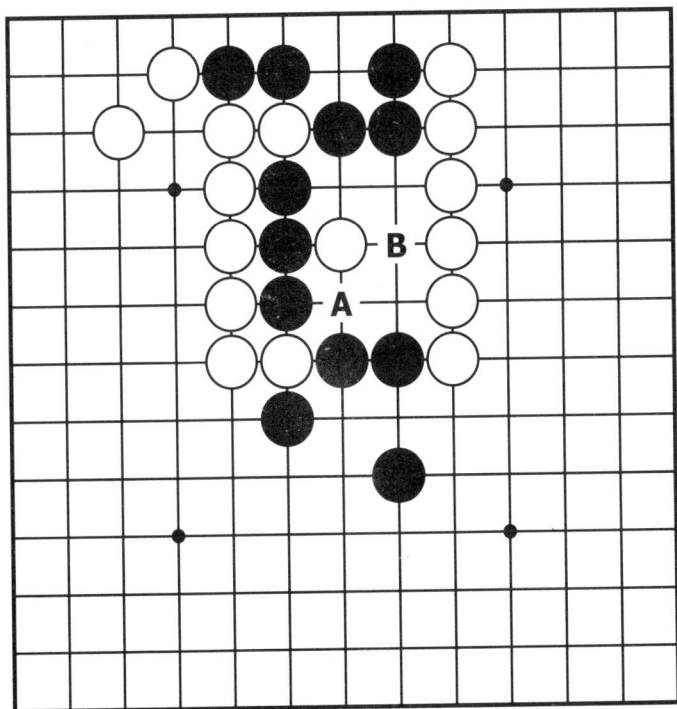

想一想，该怎样联络？在正确选项后面的括号中画「√」。

A（　　）　　B（　　）

正解

〇

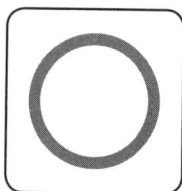

黑 1 选择正确。
利用弃子，可以
联络。

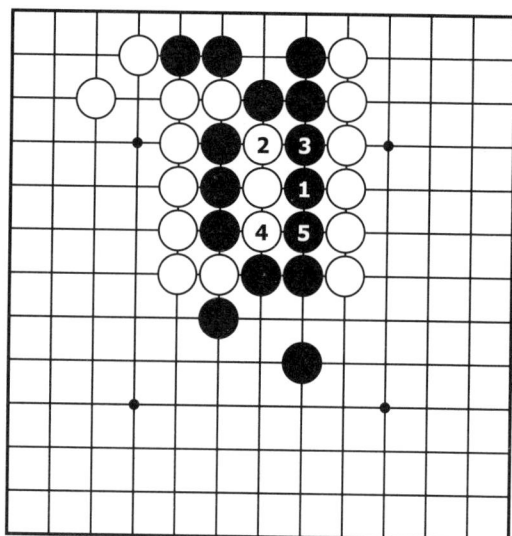

错解

✕

黑1选择错误。白
2可以断开黑棋。

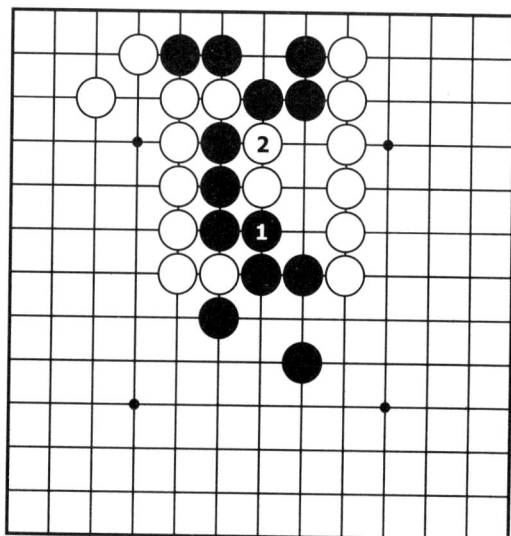

13 第13题（黑先）

难度：★★

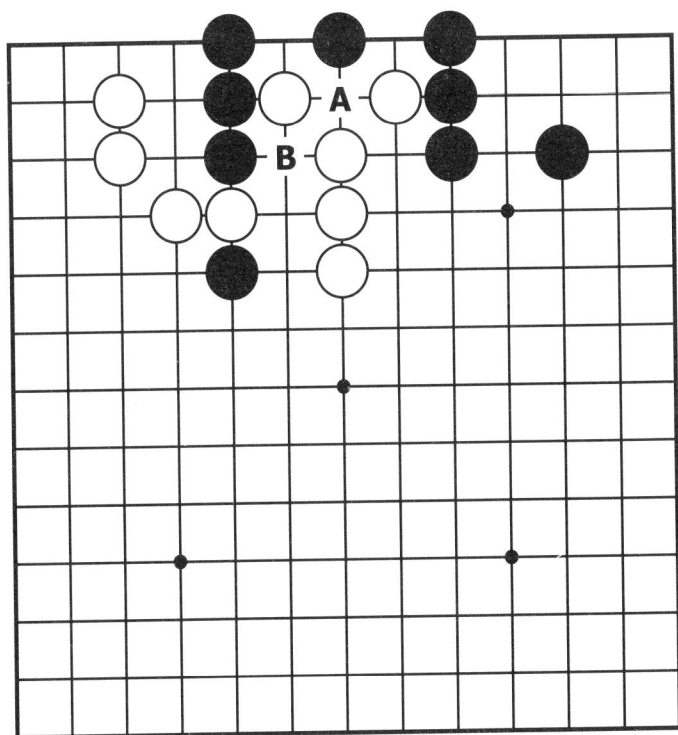

想一想，该怎样联络？在正确选项后面的括号中画「∨」。

A（　　）　　B（　　）

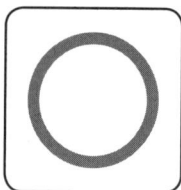

黑 1 选择正确。
同时防住两处断
点，可以联络。

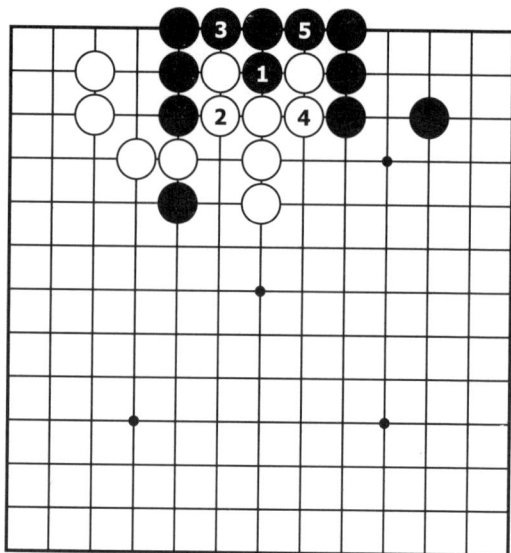

黑 1 选择错误。
白 2 以下可以断
开黑棋。

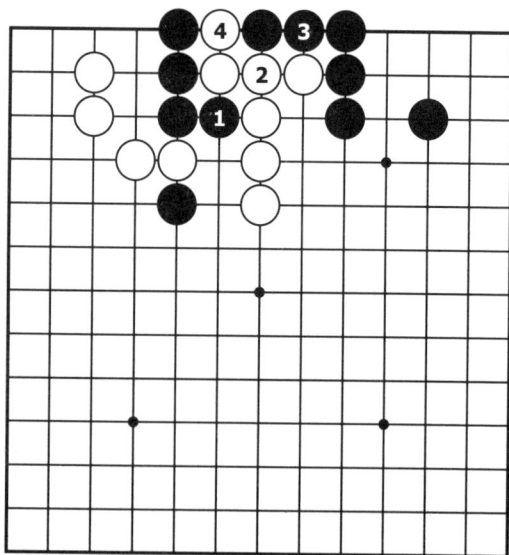

14 第14题（黑先）

难度：★ ★ ★

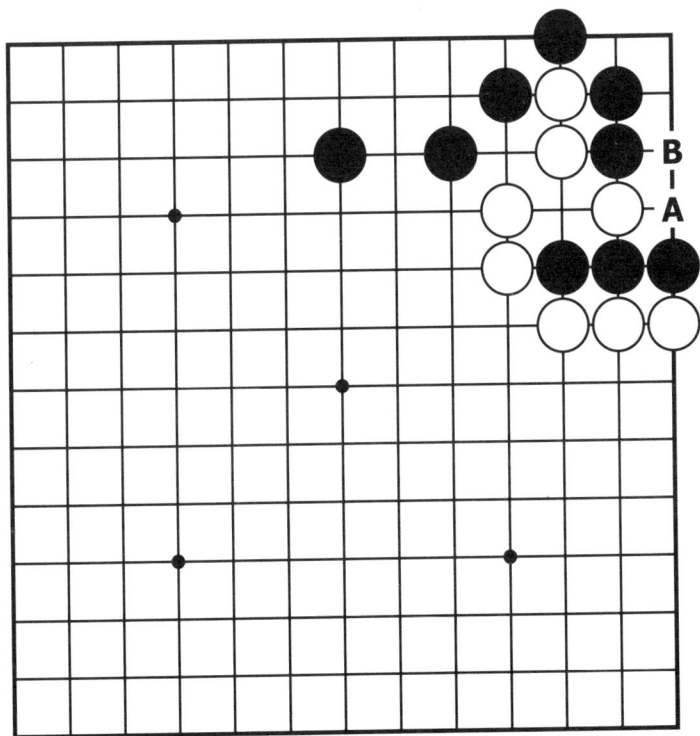

A（　　）　　B（　　）

正解

〇

黑1选择正确。以
下应对可以联络。

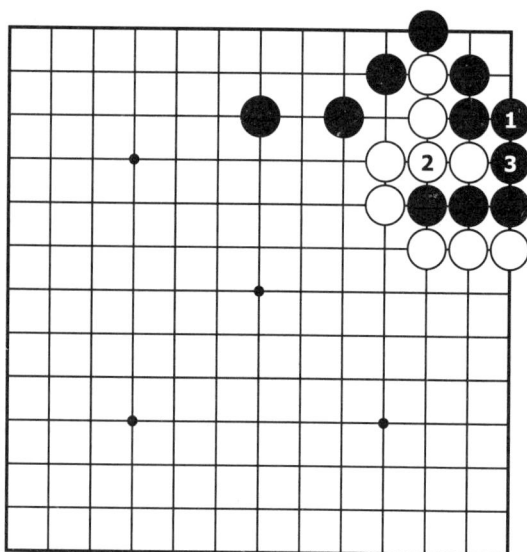

错解

✕

黑1选择错误。白
2扑是妙手，以下
可以吃掉黑棋。

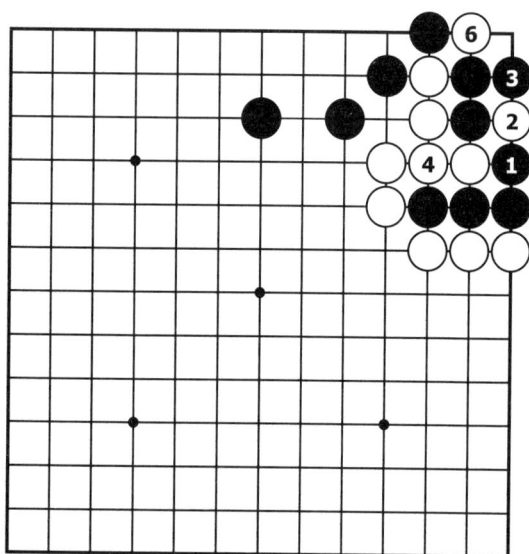

5 = ②

15 第15题(黑先)

难度：★★★

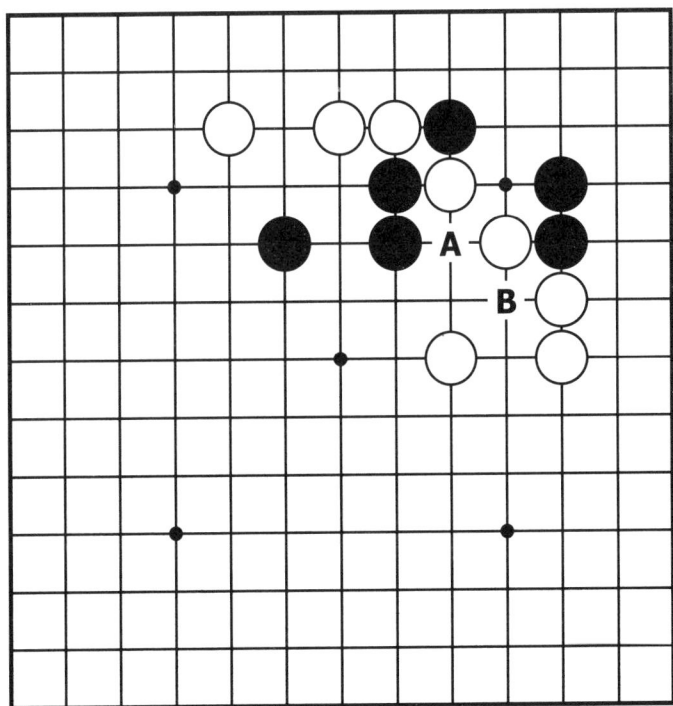

A(　　)　　B(　　)

正解

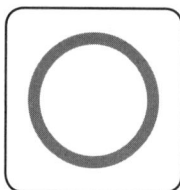

黑 1 选择正确。
形成著名的"相
思断",可以联络。

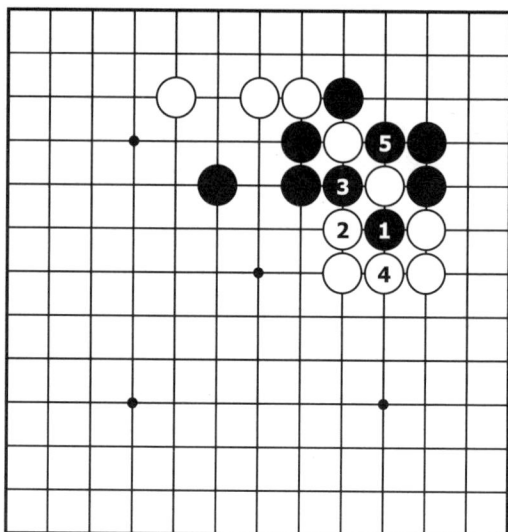

错解

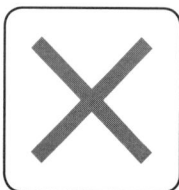

黑 1 选择错误。
白 2 以下可以断
开黑棋。

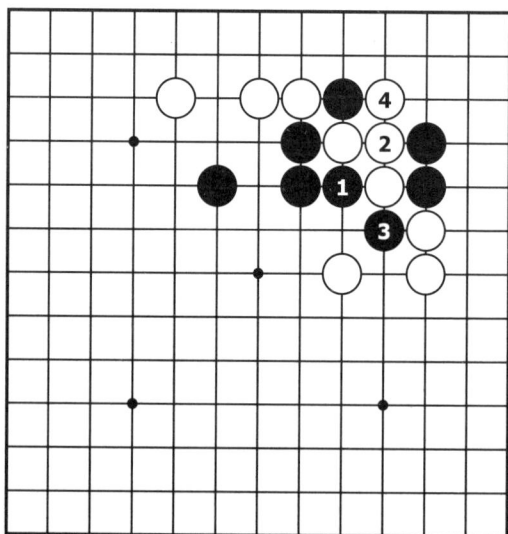

16 第16题（黑先）

难度：★ ★ ★

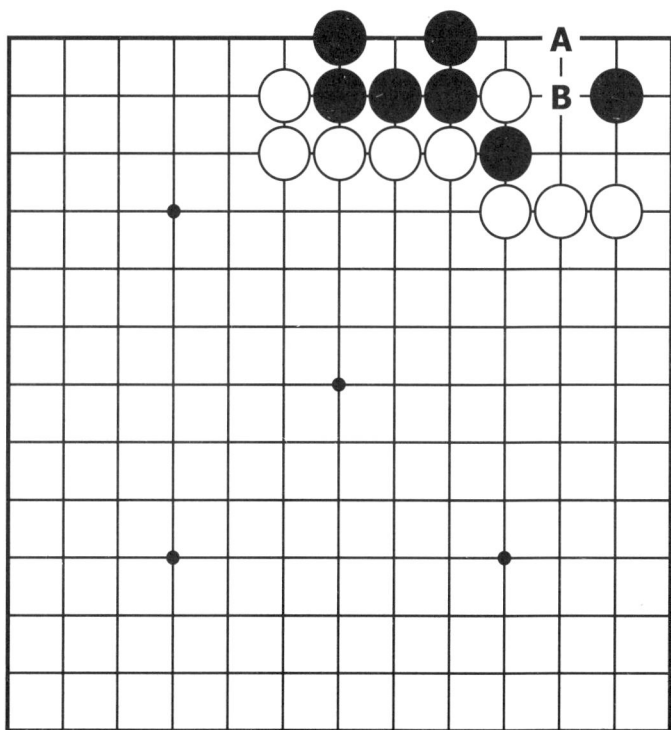

想一想，该怎样联络？在正确选项后面的括号中画「√」。

A（　　）　　B（　　）

正解

◯

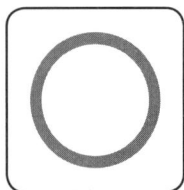

黑 1 选择正确。
联络的同时做眼，
可以活棋。

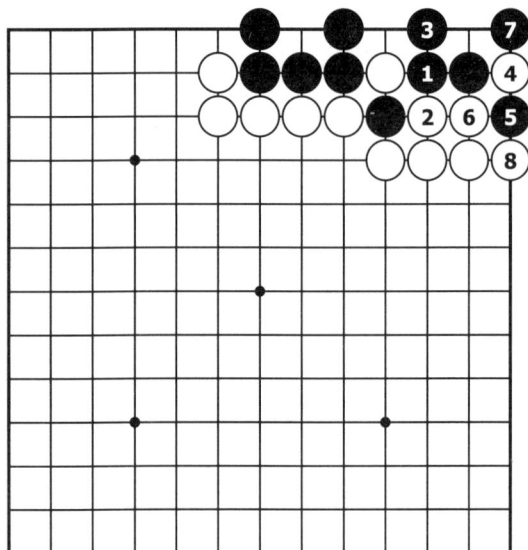

❾ = ④

错解

✕

黑 1 选择错误。
白 2 顶，黑棋眼
位不足。

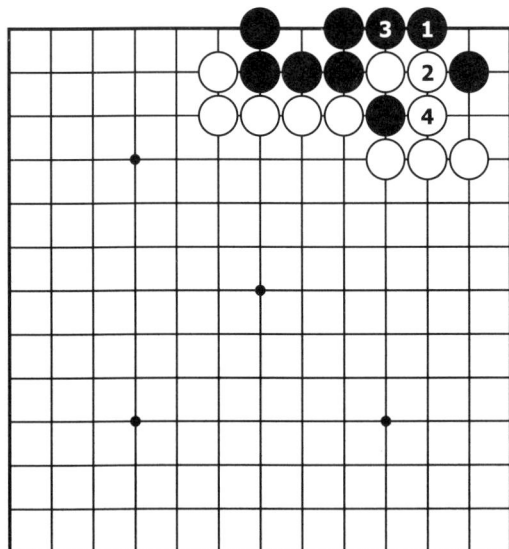

162

Q 17 第17题（黑先）

难度：★ ★ ★

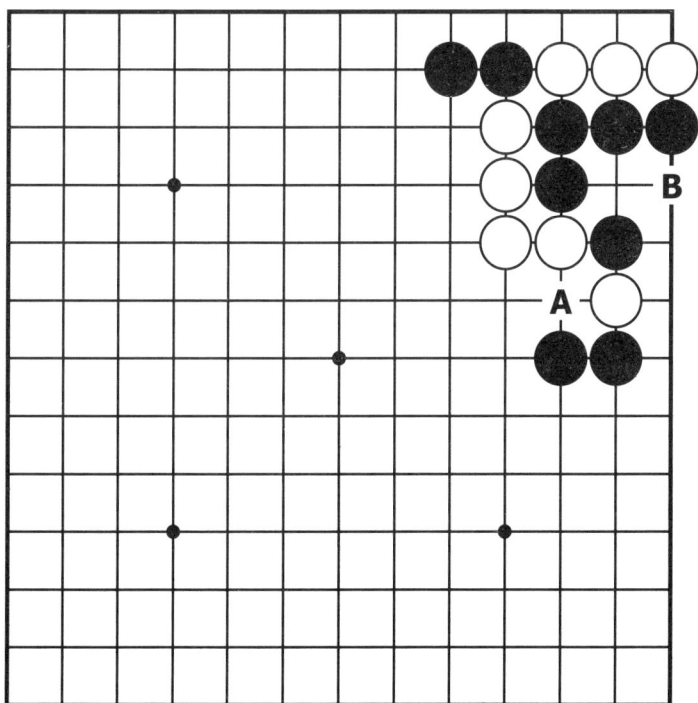

想一想，该怎样联络？在正确选项后面的括号中画「√」。

A（　　）　　B（　　）

正解

〇

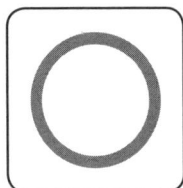

黑 1 选择正确。
防住气紧的缺陷，
可以联络。

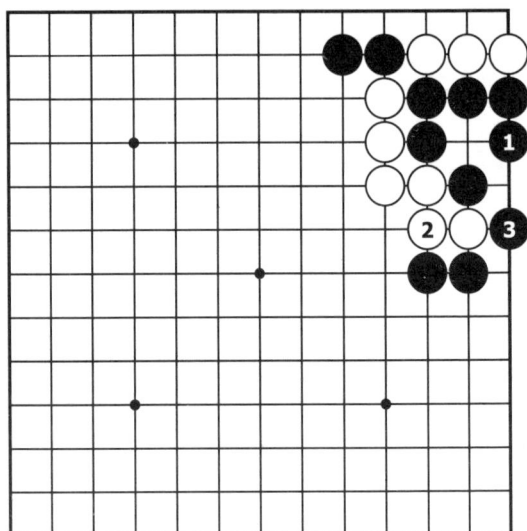

错解

✕

黑 1 选择错误。
白 2 以下可以吃
掉黑棋 4 子。

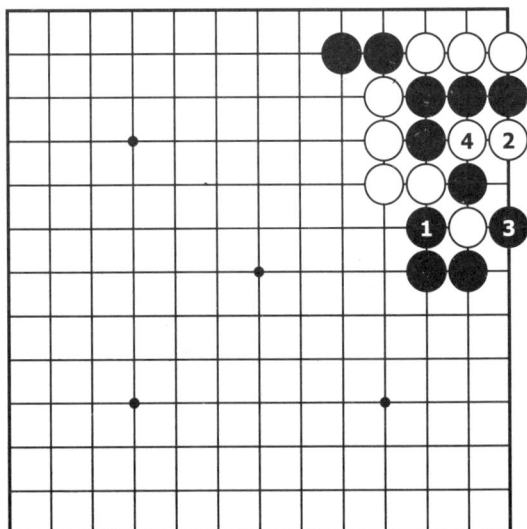

18 第 18 题（黑先）

难度：★ ★ ★

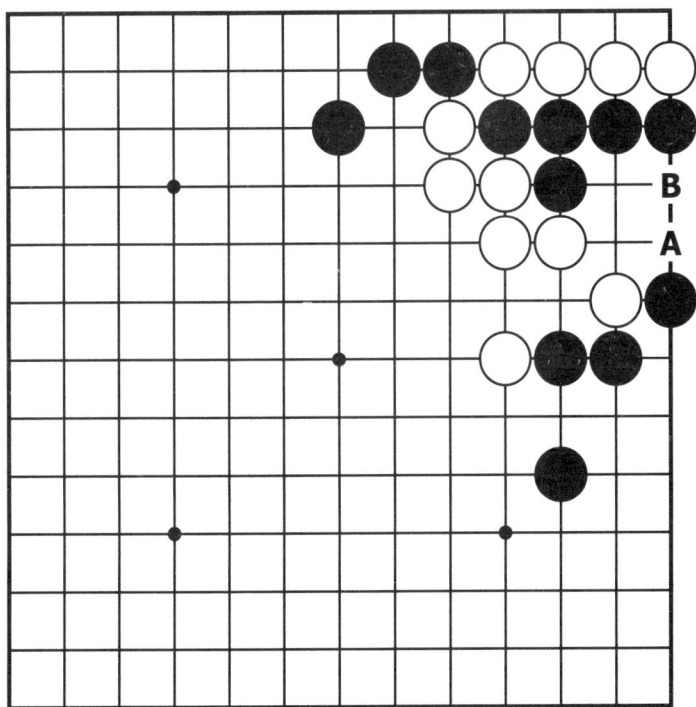

A（　　） B（　　）

正解

◯

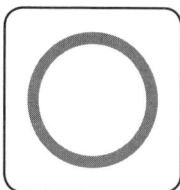

黑 1 选择正确。
防住气紧的缺陷，
可以联络。

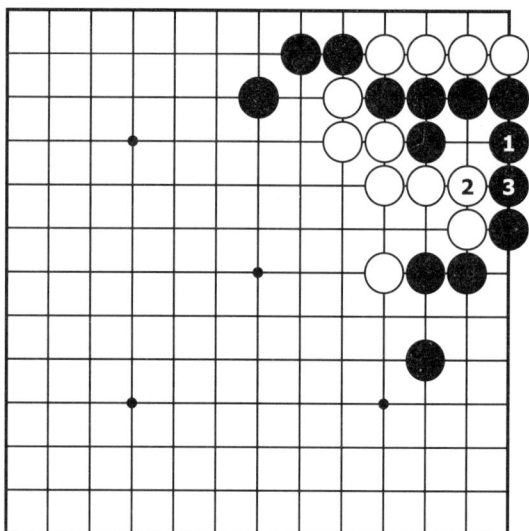

错解

✕

黑1选择错误。白
2扑是妙手，以下
可以吃掉黑棋。

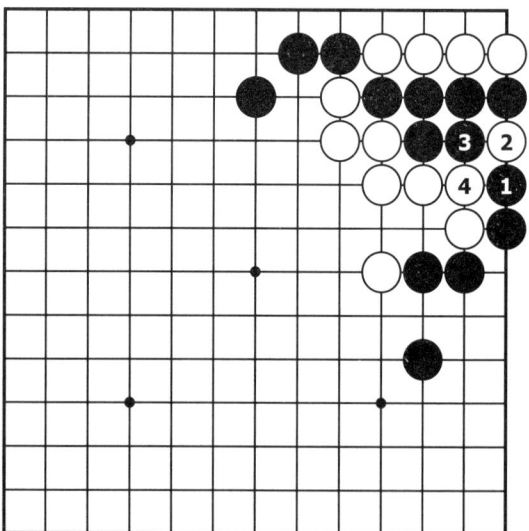

19 第19题（黑先）

难度：★★★

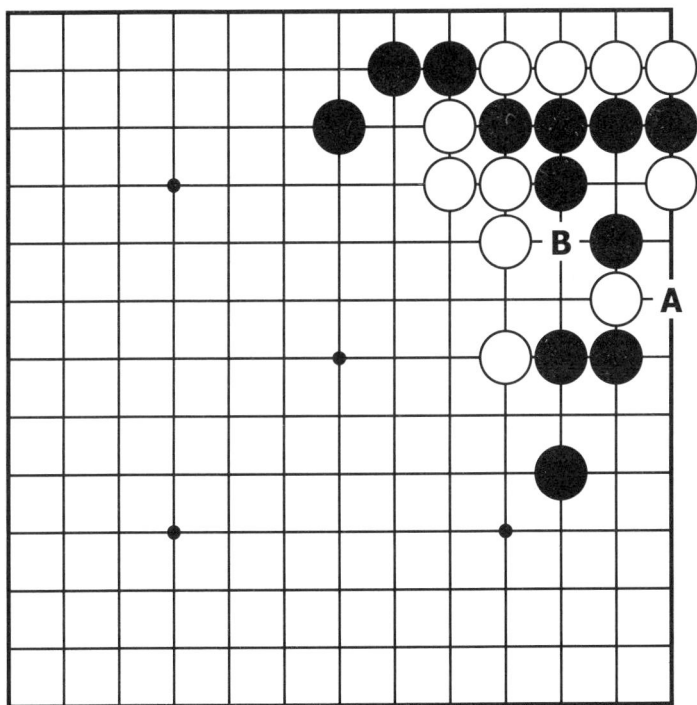

想一想，该怎样联络？在正确选项后面的括号中画「√」。

A (　　)　　B (　　)

正 解

○

黑 1 选择正确。
防住气紧的缺陷，
可以联络。

错 解

×

黑 1 选择错误。
白 2 可以吃掉黑
棋 5 子。

20 第20题（黑先）

难度：★★★★

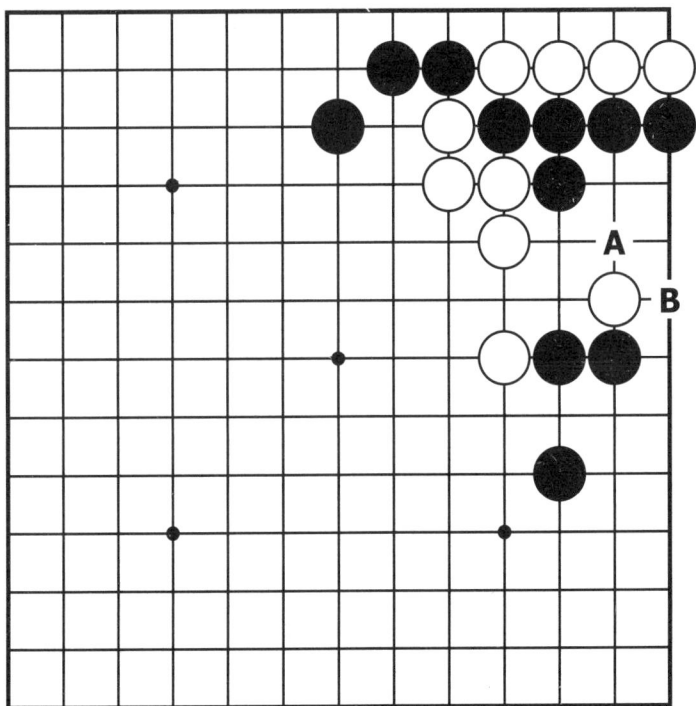

A（　　）　　B（　　）

正解

〇

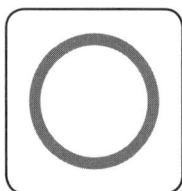

黑 1 选择正确。
防住气紧的缺陷，
可以联络。

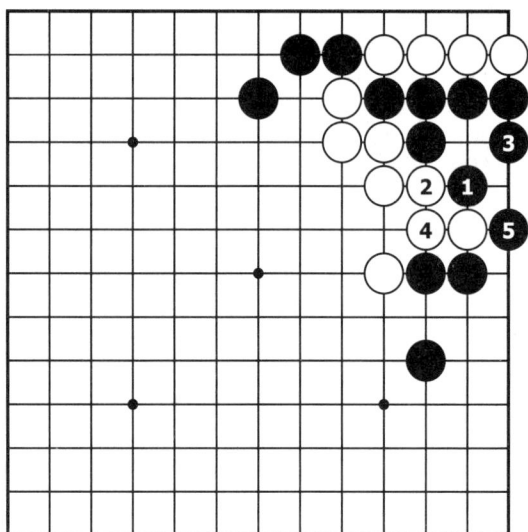

错解

✕

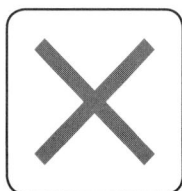

黑 1 选择错误。
白 2 以下可以吃
掉黑棋。

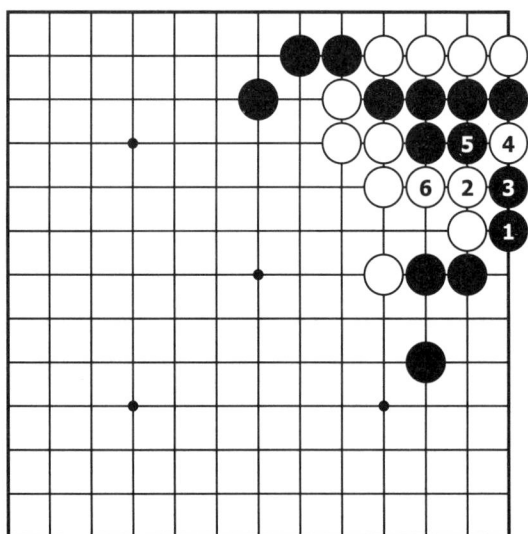

第 4 章

利用"金鸡独立"

本章将讨论如何利用对方气紧的缺陷,达到我们的战略目的。如走钢丝一般,看似非常危险的下法,往往能发挥奇效。利用对方气紧、两边不入气的棋形,围棋术语叫作"金鸡独立"。

小贴士 本章的问题非常有趣。解题时,先要仔细观察对方哪里有缺陷,然后不要顾及自己的危险,大胆出击就好!看似危险的落点,就是解题的钥匙。

Q ① 第1题（黑先）

难度：★ ★ ★

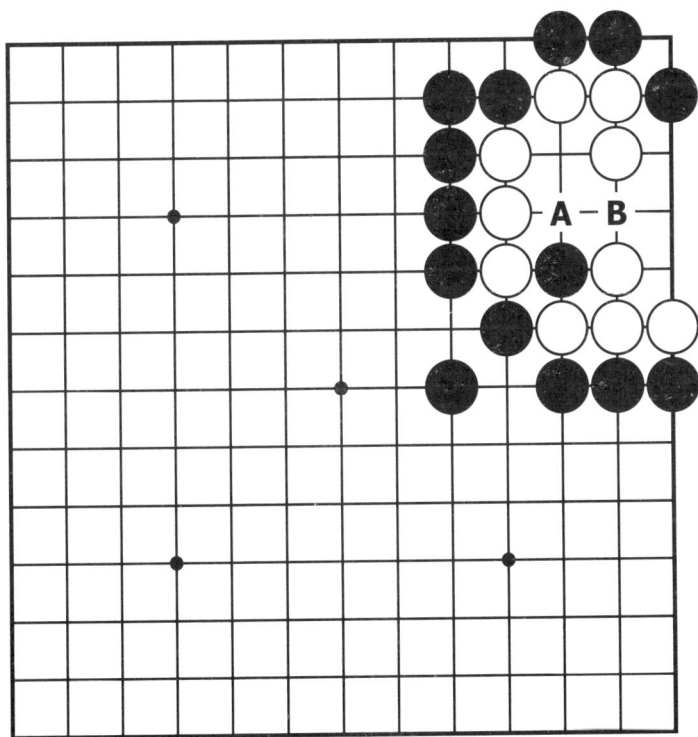

仔细思考，如何利用「金鸡独立」的手筋？在正确选项后面的括号中画「∨」。

A（　　）　　B（　　）

正解

◯

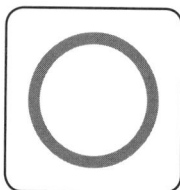

黑 1 选择正确。
利用白方气紧，
形成"金鸡独立"，
可以杀掉白棋。

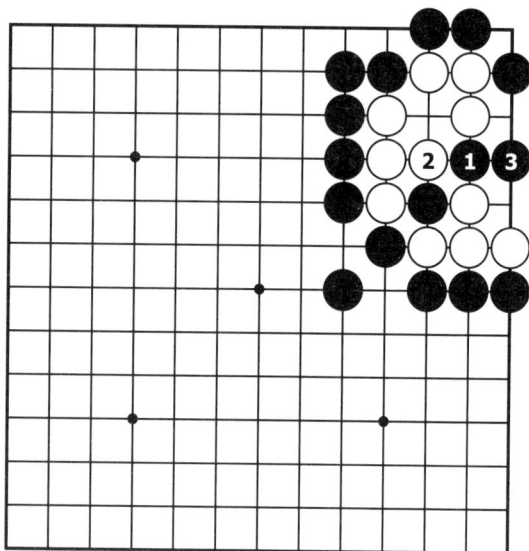

错解

✗

黑1选择错误。白
2以下可以做活。

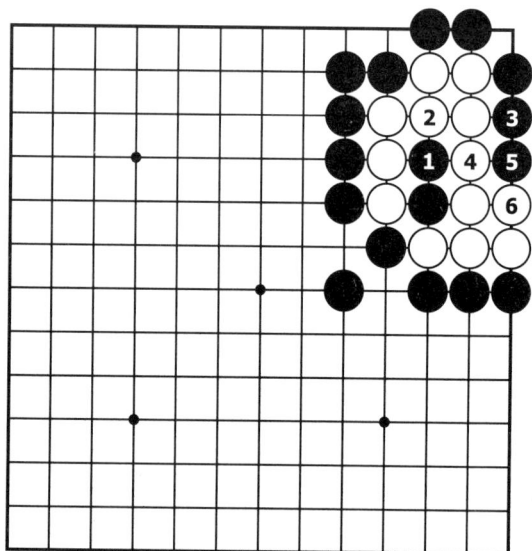

Q 2 第 2 题(黑先)

难度:★ ★ ★

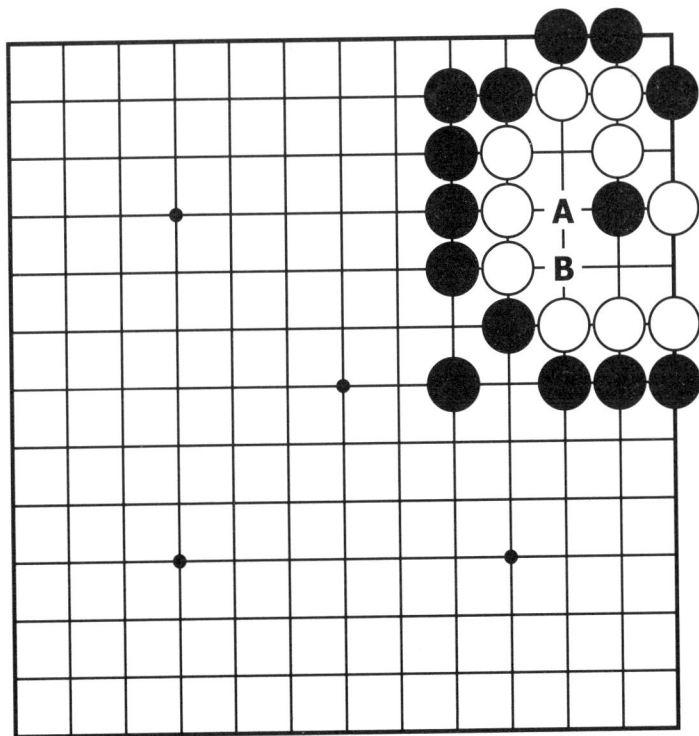

仔细思考,如何利用「金鸡独立」的手筋?在正确选项后面的括号中画「∨」。

A ( )　　B ( )

正解

⭕

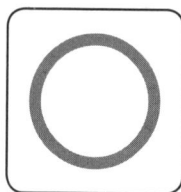

黑 1 选择正确。
利用白方气紧，
可以杀掉白棋。

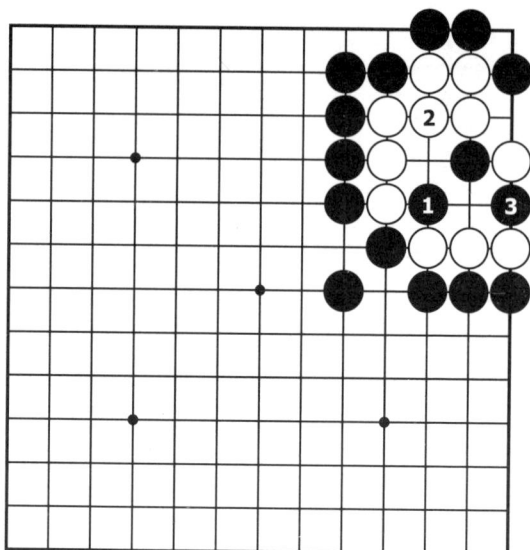

错解

❌

黑1选择错误。白
2顶住可以做活。

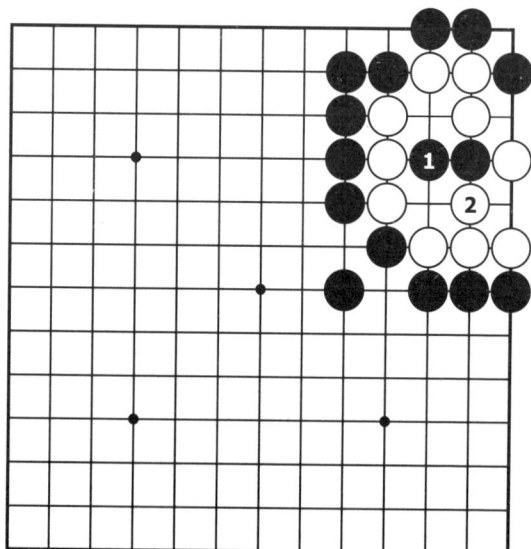

Q3 第3题(黑先)

难度:★★★

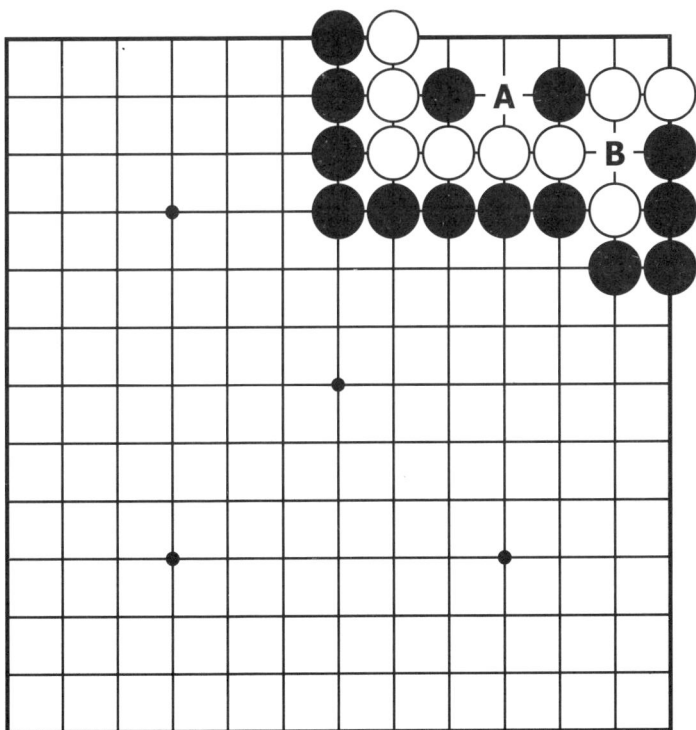

仔细思考,如何利用「金鸡独立」的手筋?在正确选项后面的括号中画「√」。

A( )   B( )

正解

◯

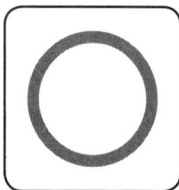

黑 1 选择正确。
利用白方气紧，
形成"金鸡独立"，
可以杀掉白棋。

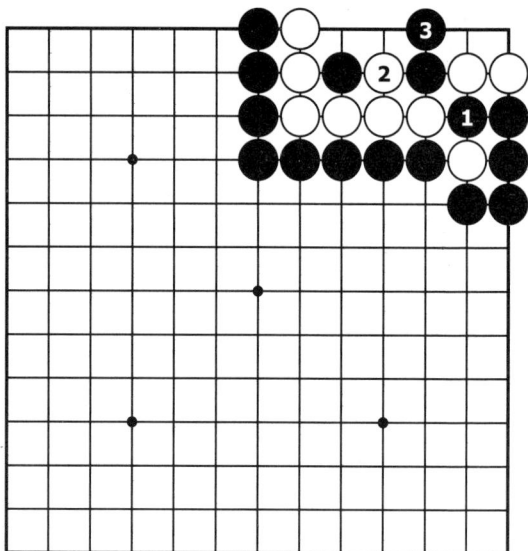

错解

✕

黑 1 选择错误。
白 2 以下形成双
活，黑棋失败。

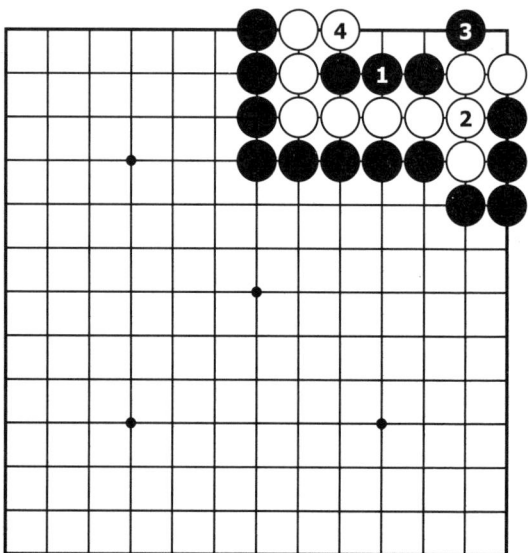

Q 4 第4题(黑先)

难度：★ ★ ★

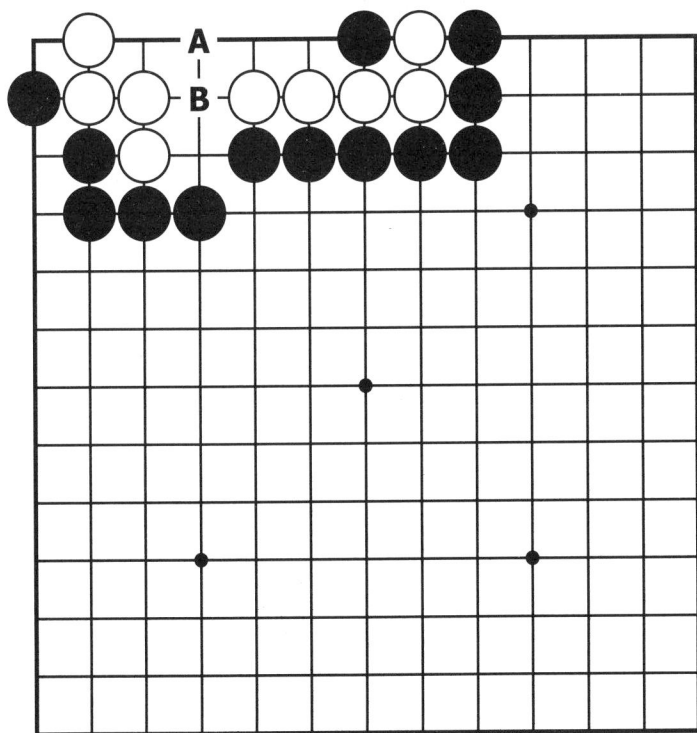

仔细思考，如何利用「金鸡独立」的手筋？在正确选项后面的括号中画「∨」。

A（　　） 　　B（　　　）

正解

〇

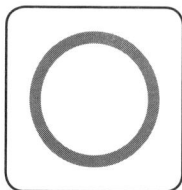

黑 1 选择正确。
利用白方气紧，
形成"金鸡独立"，
可以杀掉白棋。

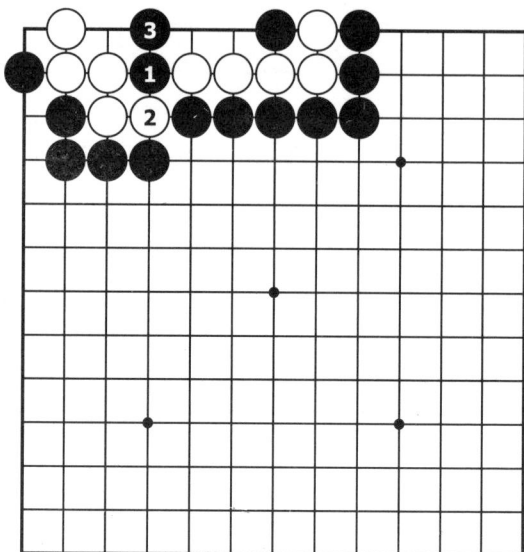

错解

✕

黑 1 选择错误。白
2 接住可以做活。

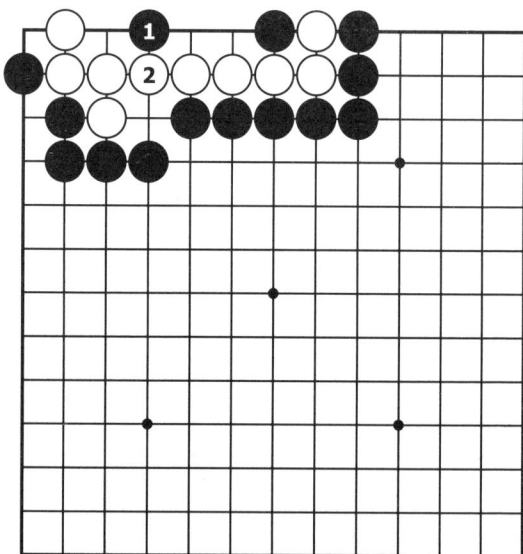

5 第5题（黑先）

难度：★★★

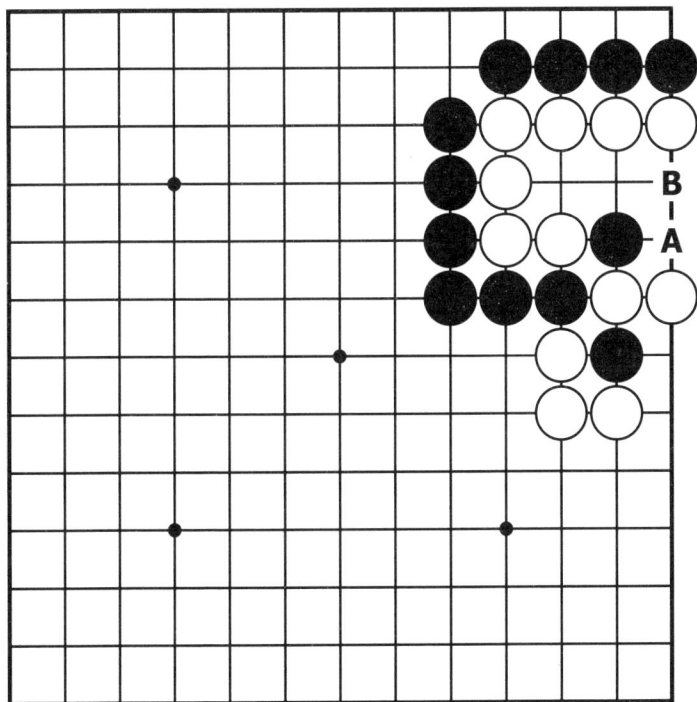

A（　　）　　B（　　）

正解

◯

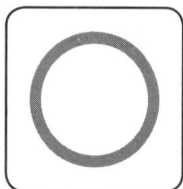

黑1选择正确。
利用白方气紧，
可以杀掉白棋。

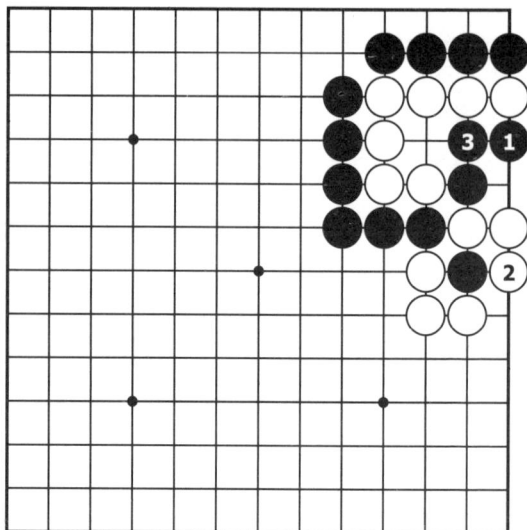

错解

✕

黑1选择错误。
白2以下形成双
活，黑棋失败。

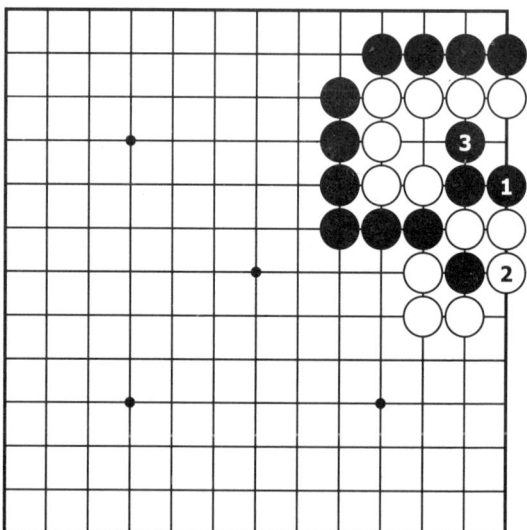

Q6 第6题（黑先）

难度：★ ★ ★

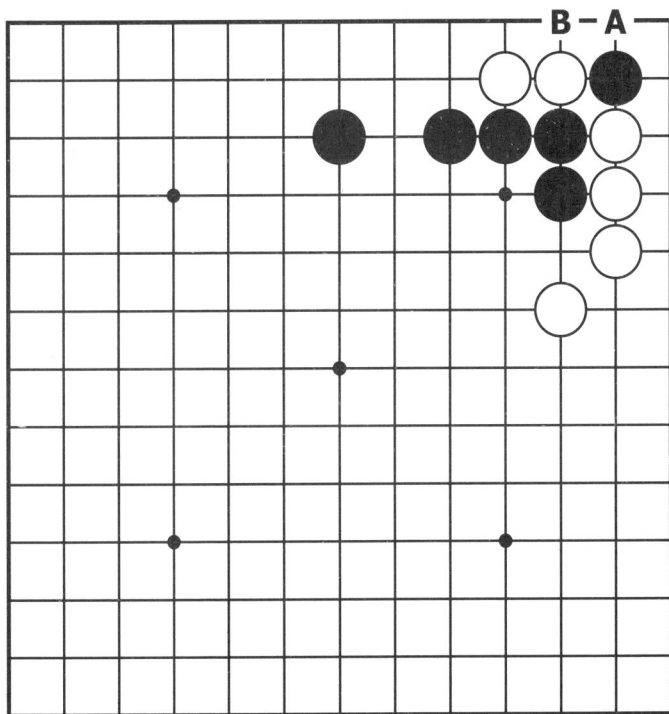

仔细思考，如何利用「金鸡独立」的手筋？在正确选项后面的括号中画「√」。

A（　　）　　B（　　）

正解

〇

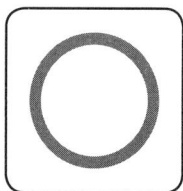

黑 1 选择正确。
利用白方气紧，
形成"金鸡独立"，
可以吃掉白两子。

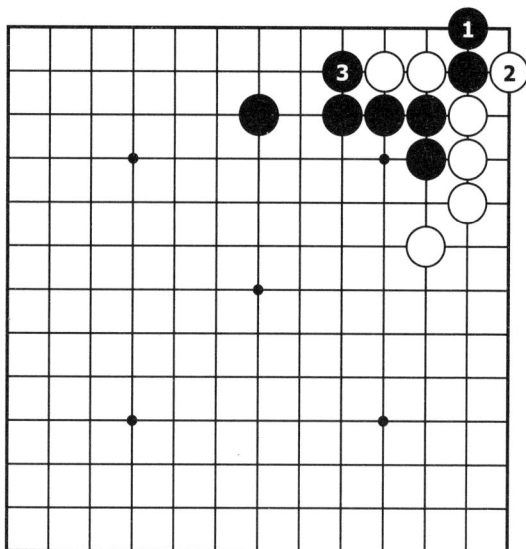

错解

✕

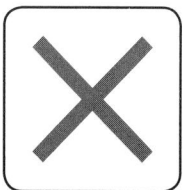

黑 1 选择错误。
白 2 以下可以吃
掉黑棋。

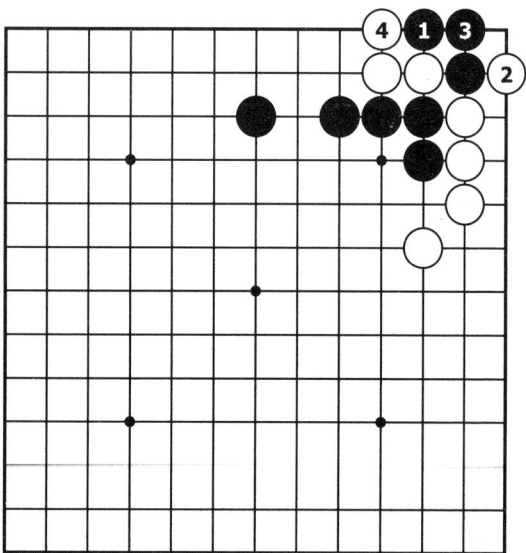

Q7 第 7 题（黑先）

难度：★ ★ ★

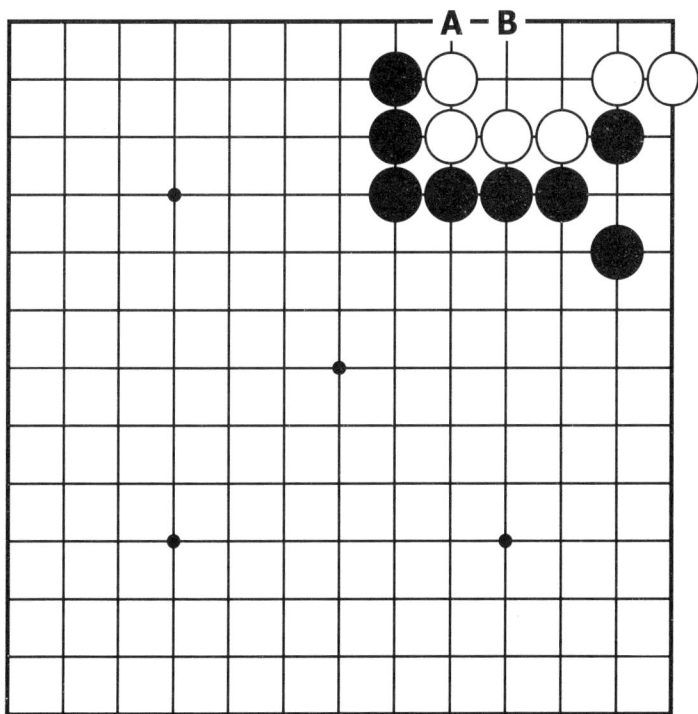

仔细思考，如何利用「金鸡独立」的手筋？在正确选项后面的括号中画「∨」。

A（　　）　　B（　　）

正解

〇

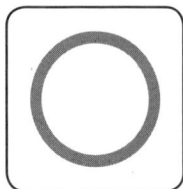

黑 1 选择正确。
利用白方气紧，
形成"金鸡独立"，
可以杀掉白棋。

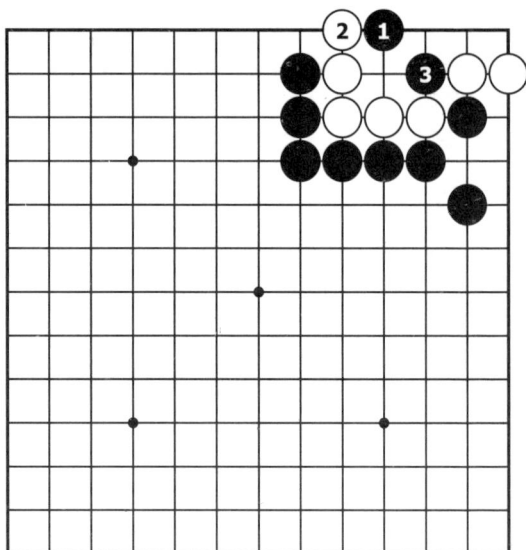

错解

✕

黑 1 选择错误。白
2 以下可以做活。

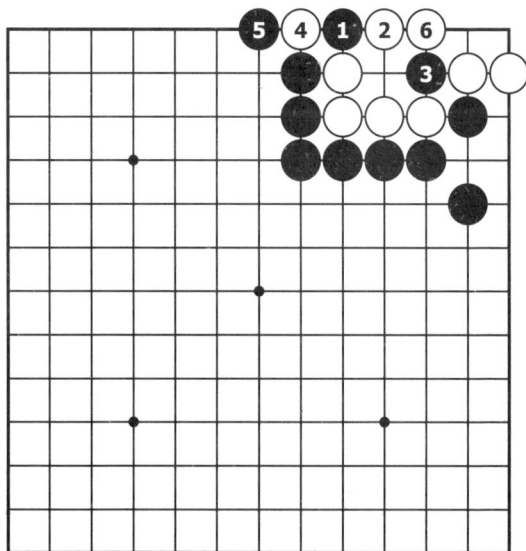

Q 8 第 8 题（黑先）

难度：★★★★

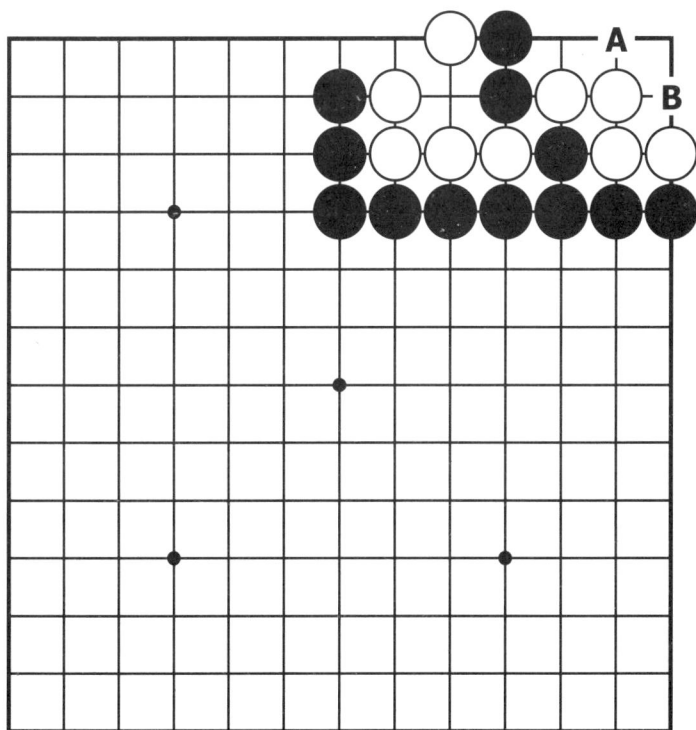

仔细思考，如何利用「金鸡独立」的手筋？在正确选项后面的括号中画「✓」。

A（　　）　　B（　　）

正解

◯

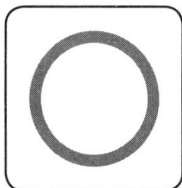

黑 1 选择正确。
利用白方气紧,
形成"金鸡独立",
可以杀掉白棋。

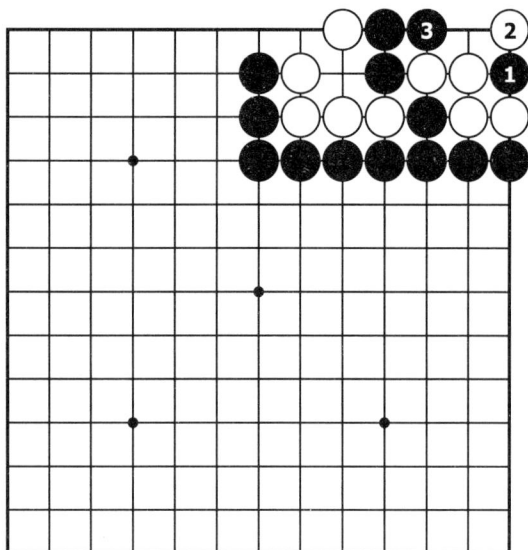

错解

✕

黑 1 选择错误。
白 2 扑形成打劫,
黑棋失败。

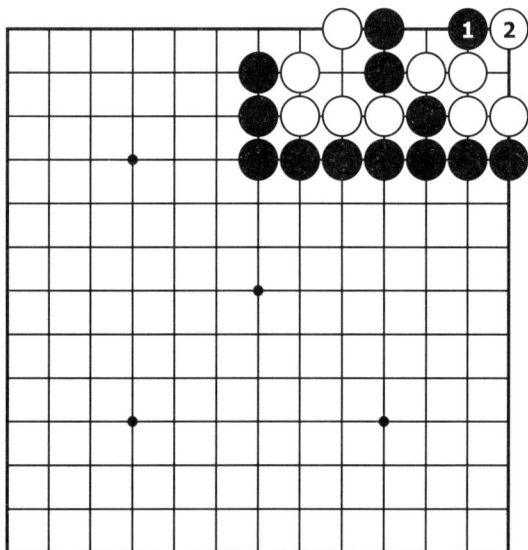

Q9 第9题（黑先）

难度：★★★★

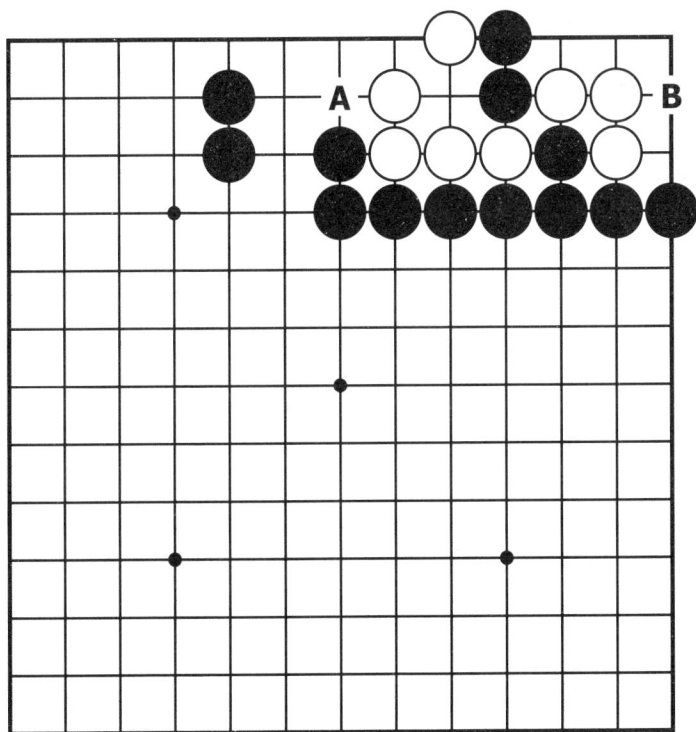

仔细思考，如何利用「金鸡独立」的手筋？在正确选项后面的括号中画「√」。

A（　　）　　B（　　）

正 解

⭕

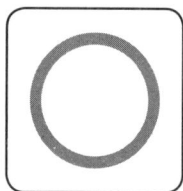

黑 1 选择正确。
利用白方气紧,
形成"金鸡独立",
可以杀掉白棋。

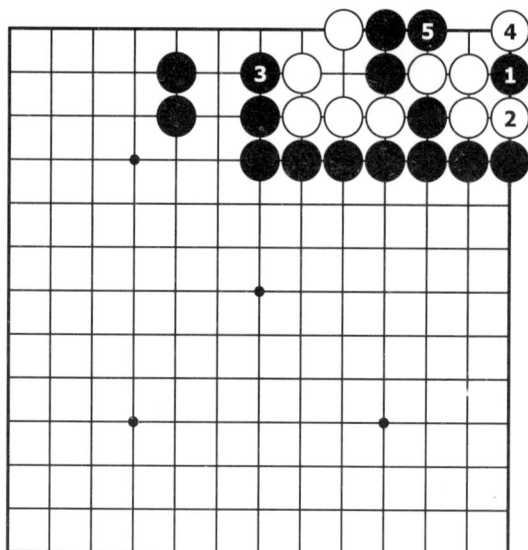

错 解

❌

黑1选择错误。白
2以下可以做活。

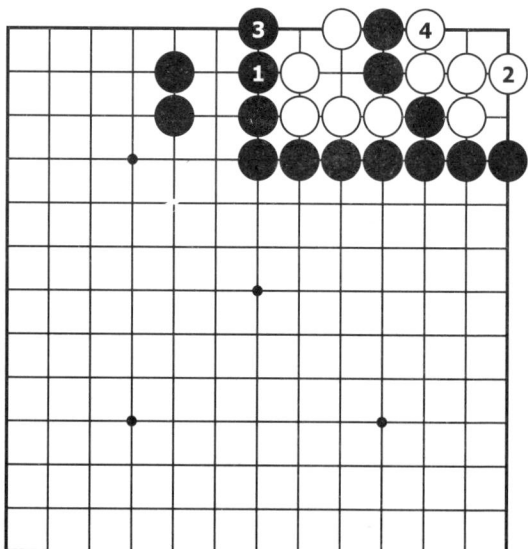

10 第10题（黑先）

难度：★★★★

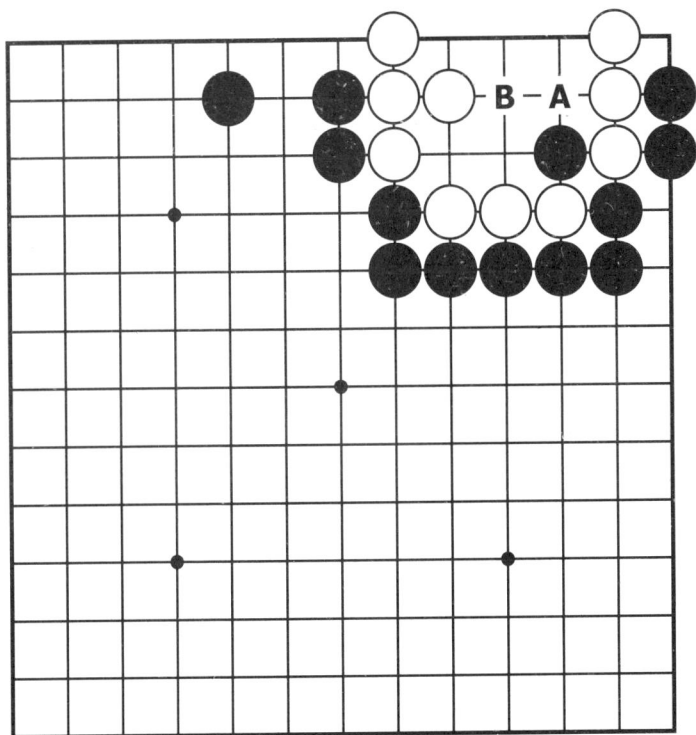

仔细思考，如何利用「金鸡独立」的手筋？在正确选项后面的括号中画「√」。

A（　　）　　B（　　）

正解

○

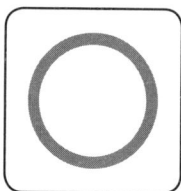

黑 1 选择正确。
利用白方气紧,
形成"金鸡独立",
可以杀掉白棋。

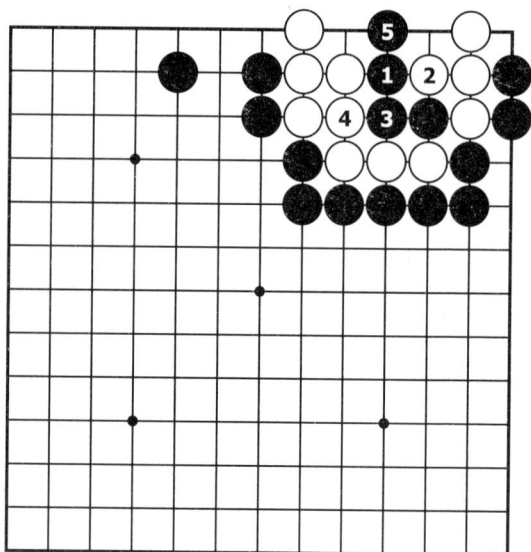

错解

✕

黑 1 选择错误。白
2 以下可以做活。

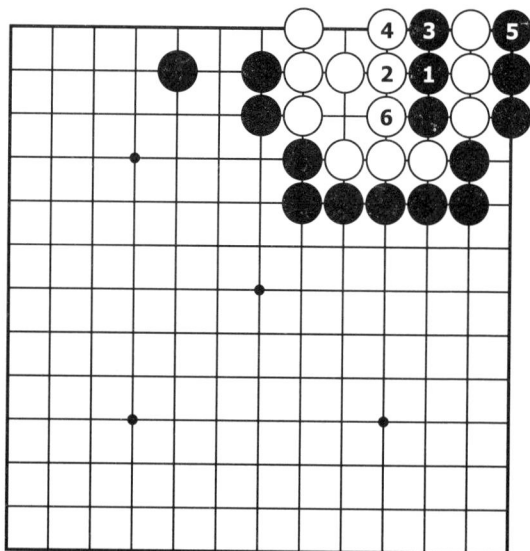

Q 11 第11题（黑先）

难度：★★★★

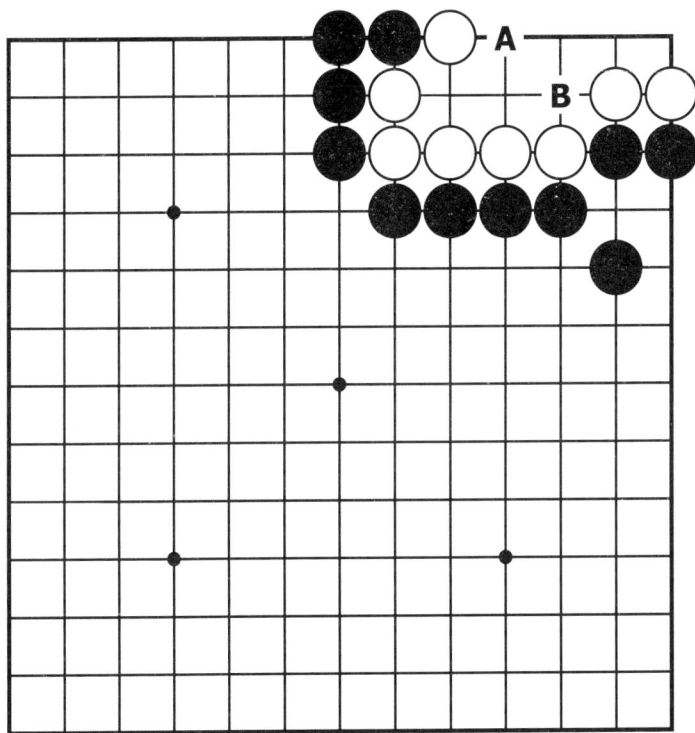

A（　　）　　B（　　）

正解

○

黑1选择正确。
利用白方气紧，
形成"金鸡独立"，
可以杀掉白棋。

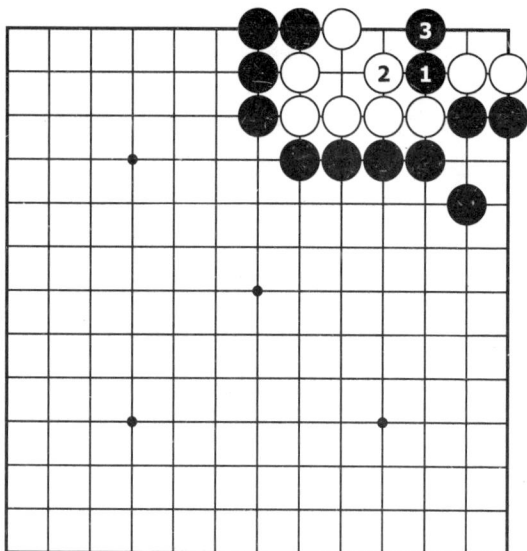

错解

✕

黑1选择错误。
白2顶吃，以下
形成打劫。

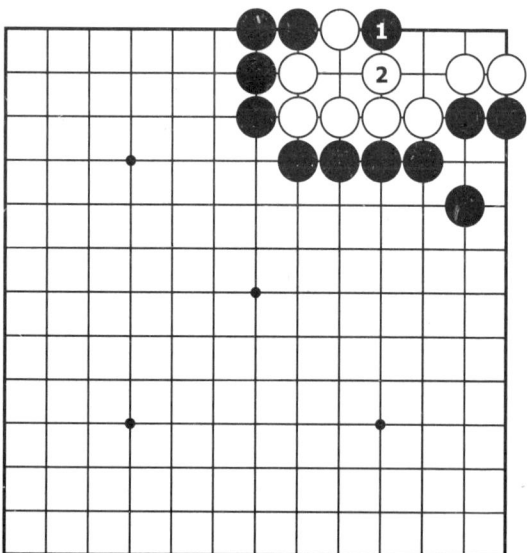

12 第12题(黑先)

难度:★★★★★

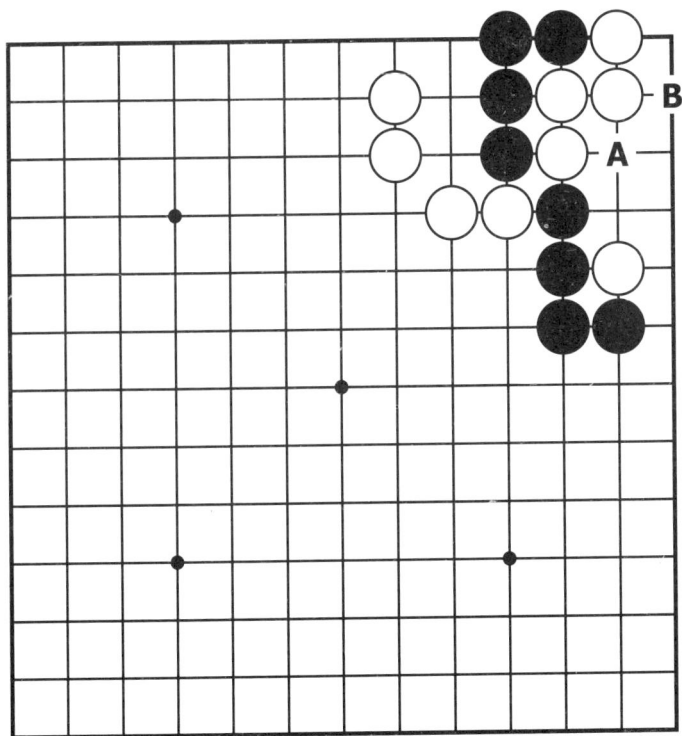

A

B

仔细思考,如何利用「金鸡独立」的手筋?在正确选项后面的括号中画「√」。

A ( )　　　B ( )

正 解

◯

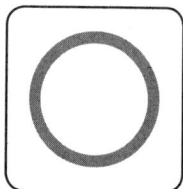

黑 1 选择正确。
利用白方气紧，
形成"金鸡独立"，
可以杀掉白棋。

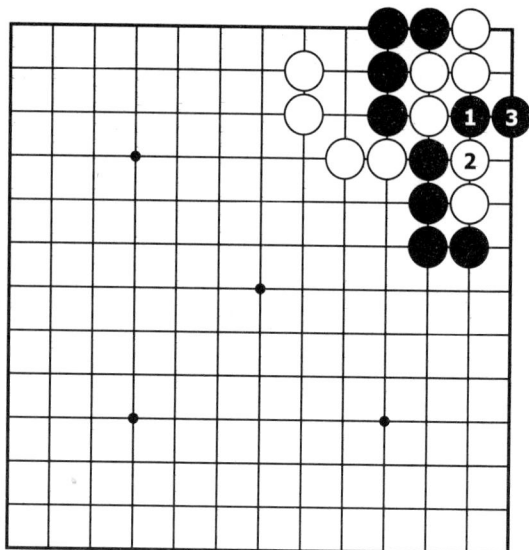

错 解

✕

黑 1 选择错误。
白 2 挡后于 4 位挡
是弃子妙手，以
下对杀黑慢一气。

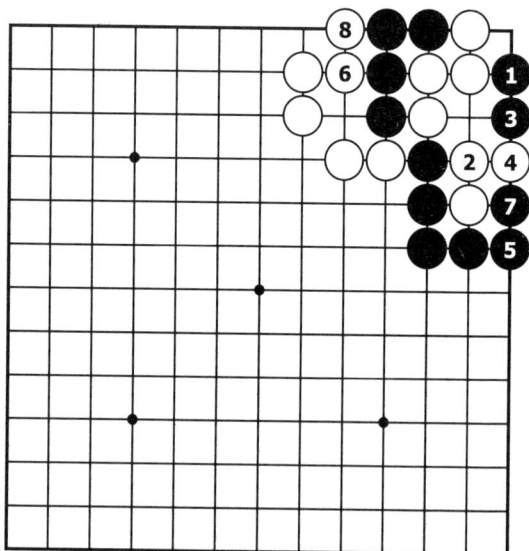

13 第 13 题（黑先）

难度：★ ★ ★ ★

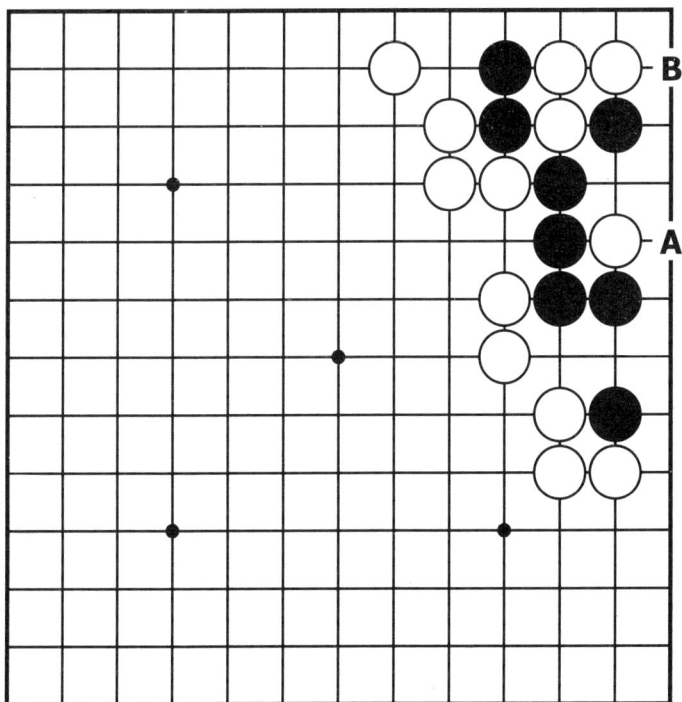

A（　　　）　　B（　　　）

仔细思考，如何利用「金鸡独立」的手筋？在正确选项后面的括号中画「∨」。

正解

○

黑1选择正确。
利用白方气紧，
形成"金鸡独立"，
可以做活。

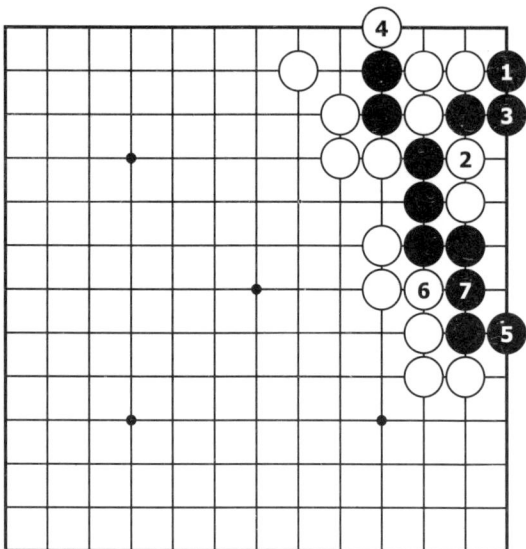

错解

×

黑1选择错误。
白2以下可以杀
掉黑棋。

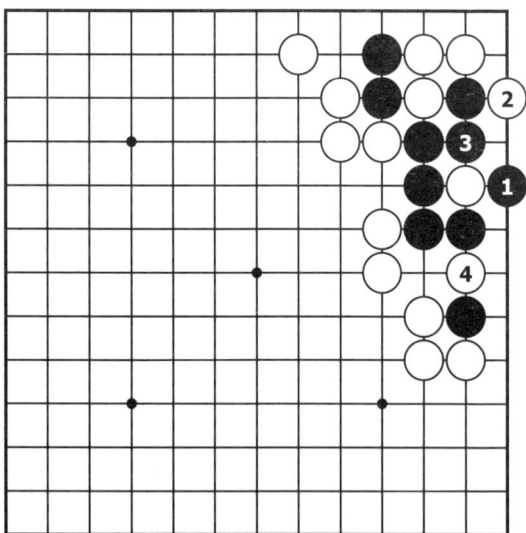

14 第14题（黑先）

难度：★ ★ ★ ★ ★

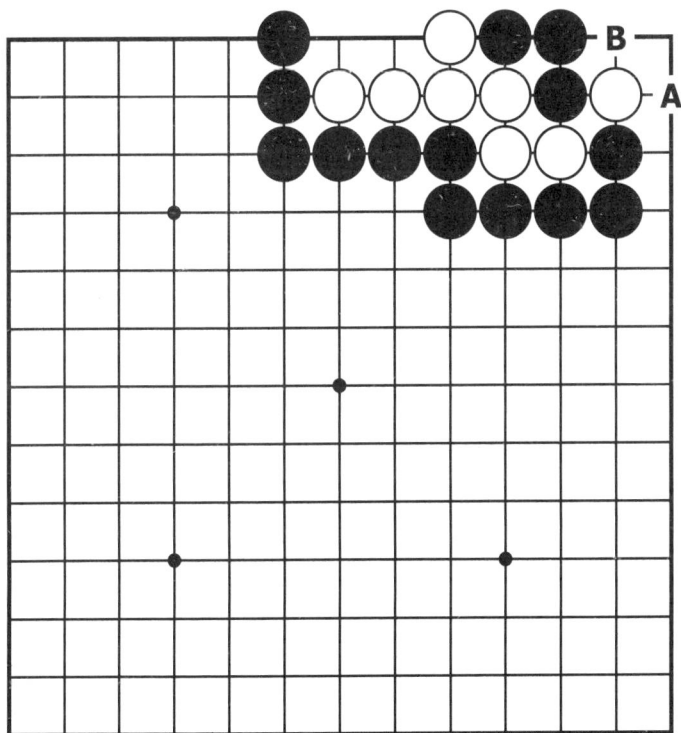

仔细思考，如何利用「金鸡独立」的手筋？在正确选项后面的括号中画「∨」。

A（　　）　　B（　　）

正解

◯

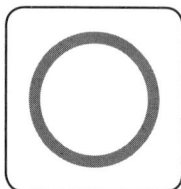

黑 1 选择正确。
利用白方气紧，
形成"金鸡独立"，
可以杀掉白棋。

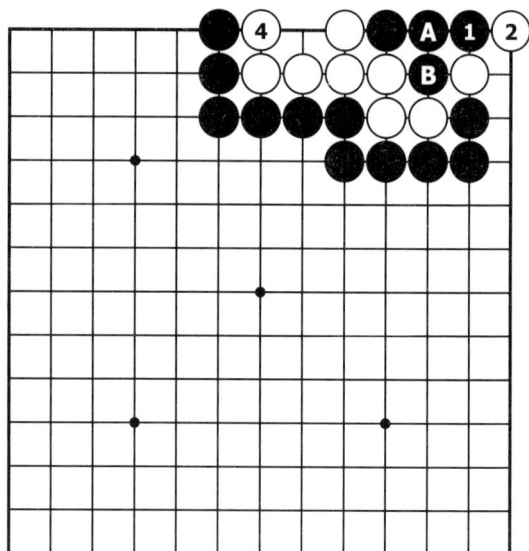

❸ = Ⓐ， ❺ = Ⓑ

错解

✕

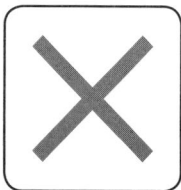

黑 1 选择错误。白
2 以下可以做活。

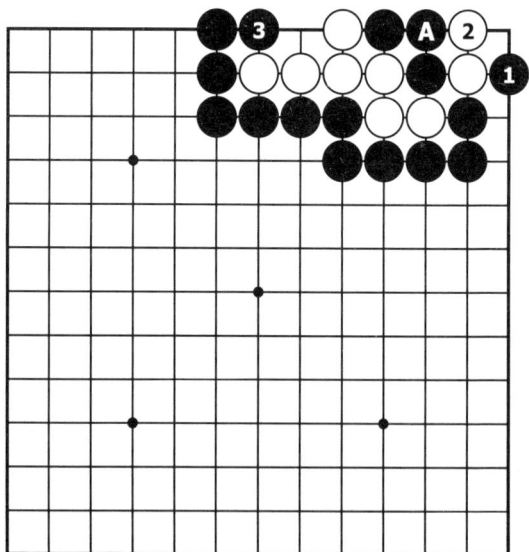

④ = Ⓐ

15 Q　第15题（黑先）

难度：★★★★★★★

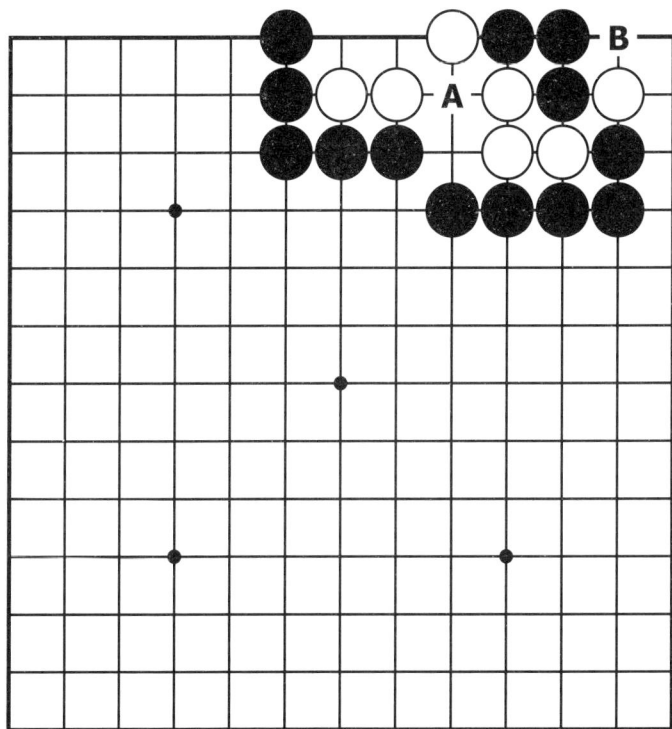

A（　　）　　B（　　）

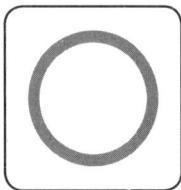

正解

黑 1 选择正确。
利用白方气紧，
形成"金鸡独立"，
可以杀掉白棋。

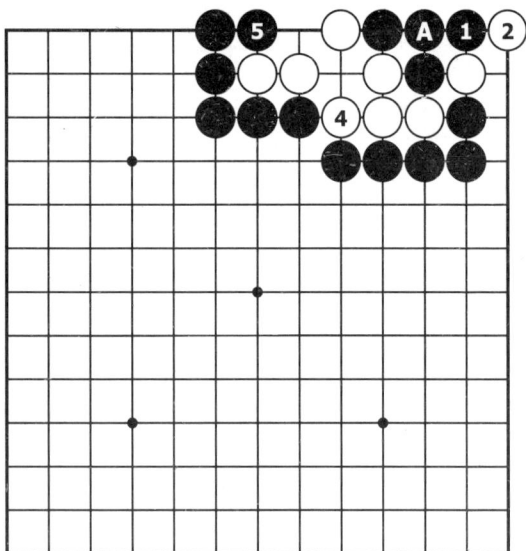

3 = **A**

错 解

黑1选择错误。白
2以下可以做活。

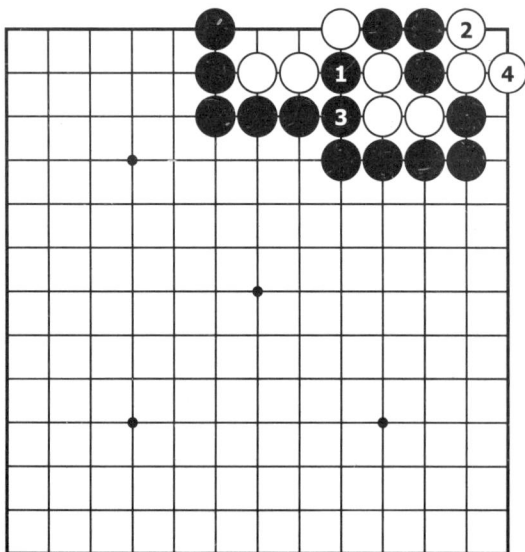

16 第 16 题（黑先）

难度：★ ★ ★ ★

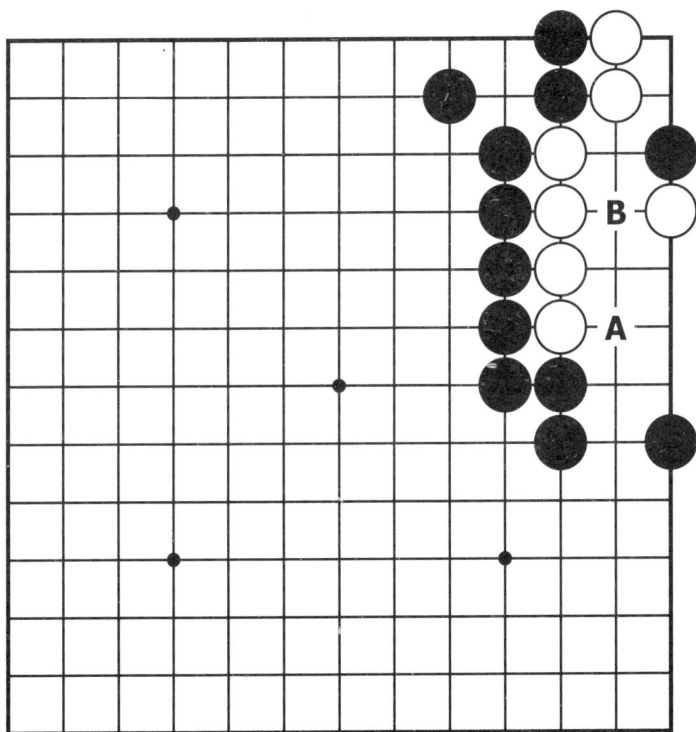

仔细思考，如何利用「金鸡独立」的手筋？在正确选项后面的括号中画「√」。

A（　　）　　B（　　）

正 解

○

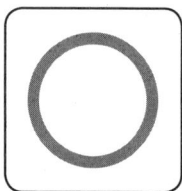

黑 1 选择正确。
利用白方气紧，
形成"金鸡独立"，
可以杀掉白棋。

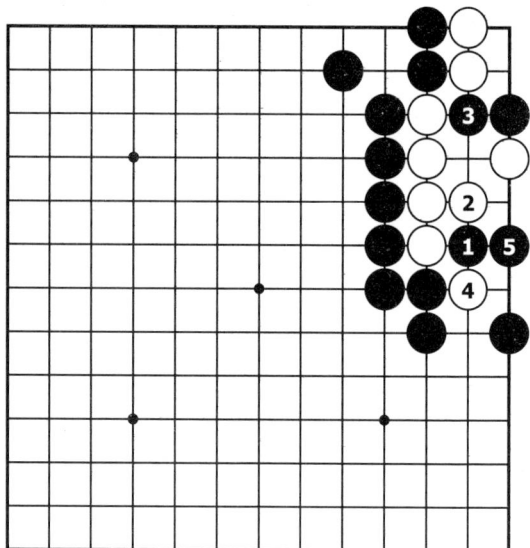

错 解

✕

黑 1 选择错误。
白 2 以下形成打
劫，黑棋失败。

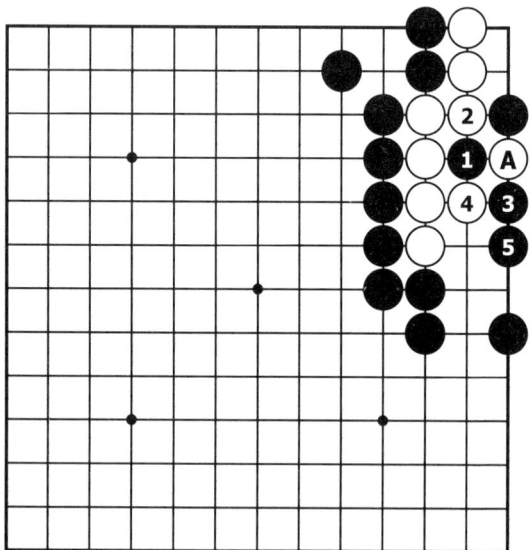

⑥ = Ⓐ

17 第17题（黑先）

难度：★★★★

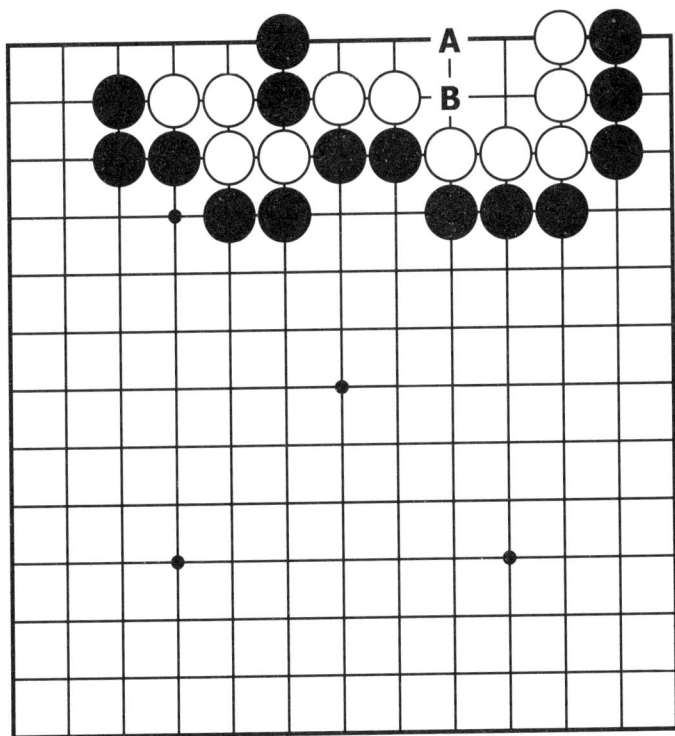

仔细思考，如何利用「金鸡独立」的手筋？在正确选项后面的括号中画「∨」。

A（　　）　　B（　　）

正 解

⭕

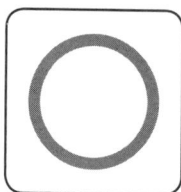

黑 1 选择正确。
利用白方气紧，
形成"金鸡独立"，
可以杀掉白棋。

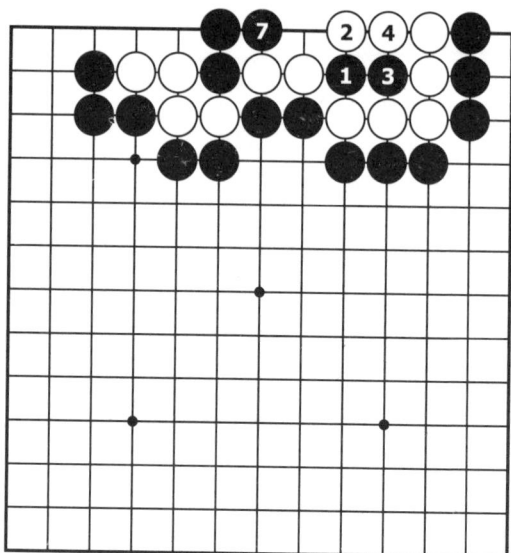

⑤ = ❶， ⑥ = ❸

错 解

❌

黑 1 选择错误。
白 2 以下可以弃
子做活。

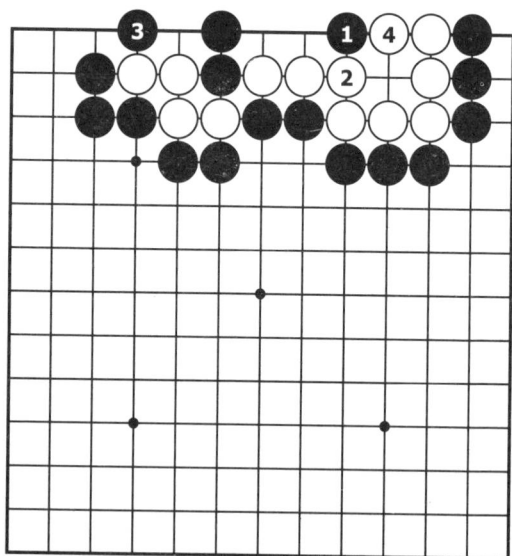

18 第18题(黑先)

难度：★★★★

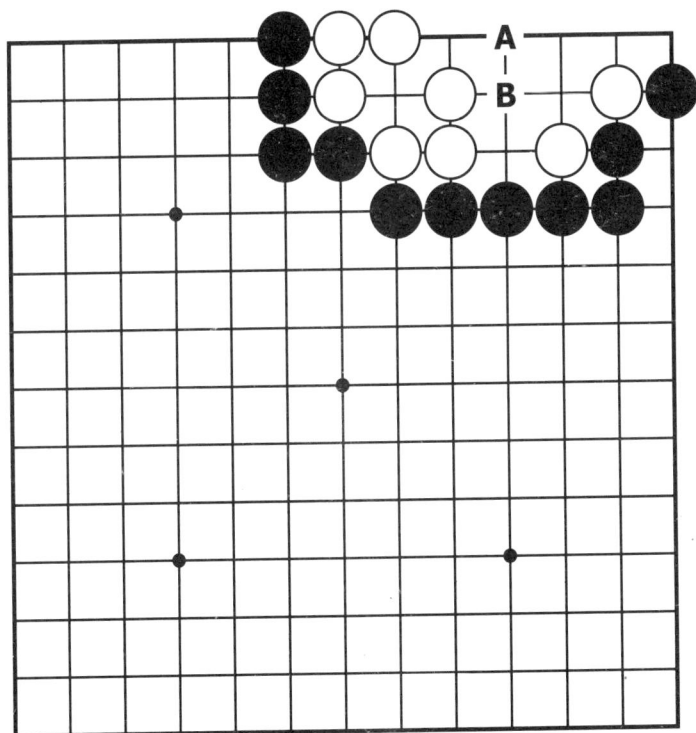

仔细思考，如何利用「金鸡独立」的手筋？在正确选项后面的括号中画「∨」。

A (　　)　　B (　　)

正解

○

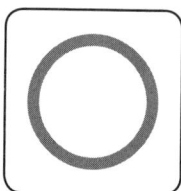

黑 1 选择正确。
利用白方气紧，
形成"金鸡独立"，
可以杀掉白棋。

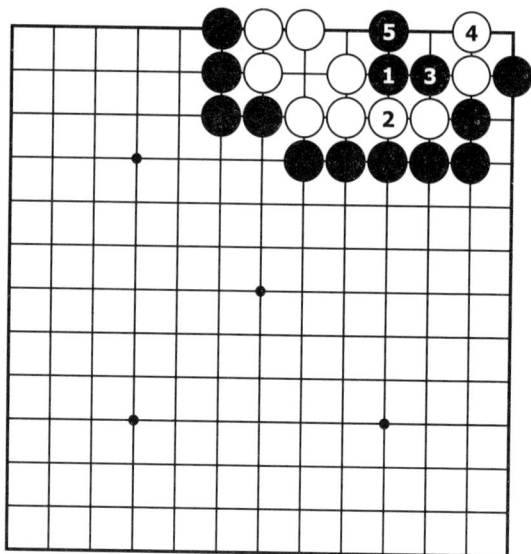

错解

✕

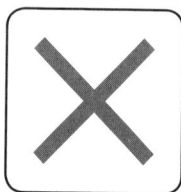

黑 1 选择错误。白
2 以下可以做活。

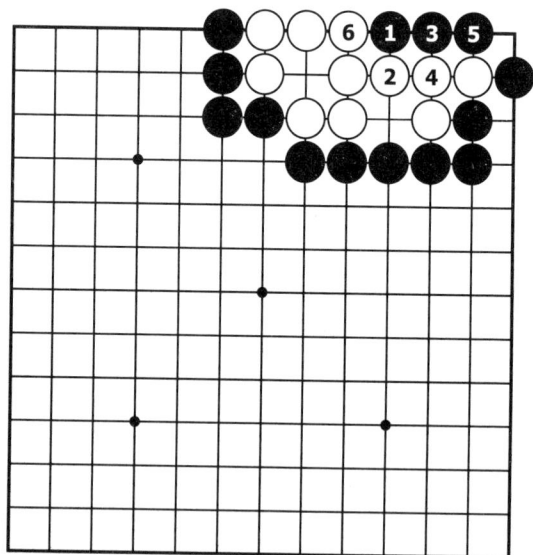

19 第19题（黑先）

难度：★★★★★

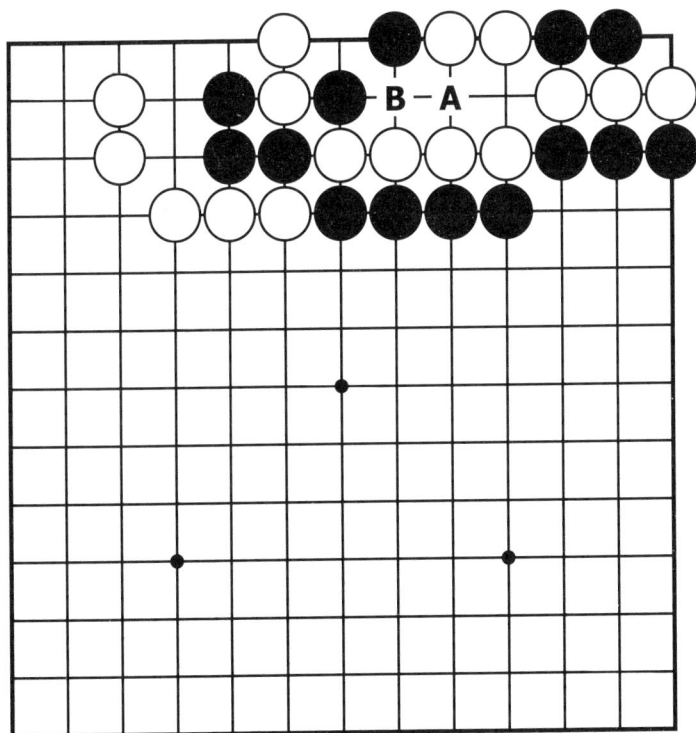

仔细思考，如何利用「金鸡独立」的手筋？在正确选项后面的括号中画「√」。

A（　　　）　　　B（　　　）

正解

○

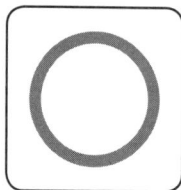

黑 1 选择正确。
利用白方气紧，
可以杀掉白棋。

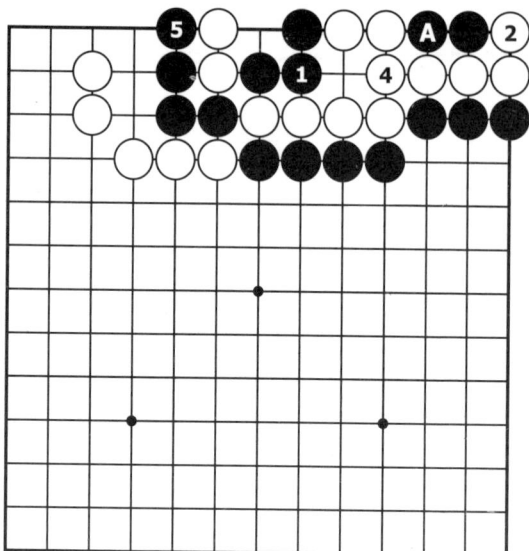

❸ = Ⓐ

错解

✕

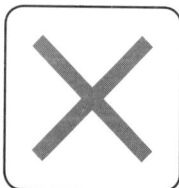

黑 1 选择错误。
白 2 以下可以做
活，黑棋失败。

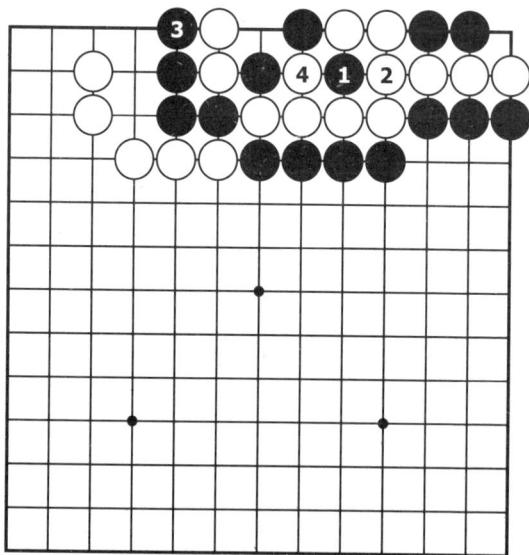

20 第20题（黑先）

难度：★★★★★

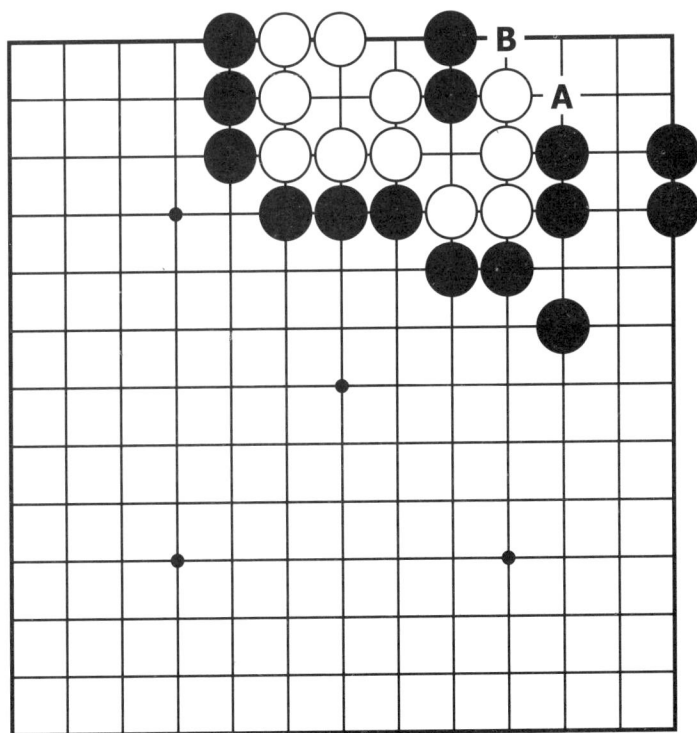

仔细思考，如何利用「金鸡独立」的手筋？在正确选项后面的括号中画「√」。

A（　　） B（　　）

正解

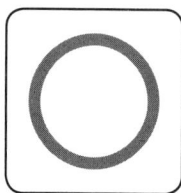

黑 1 选择正确。
利用白方气紧，
形成 "金鸡独立"，
可以杀掉白棋。

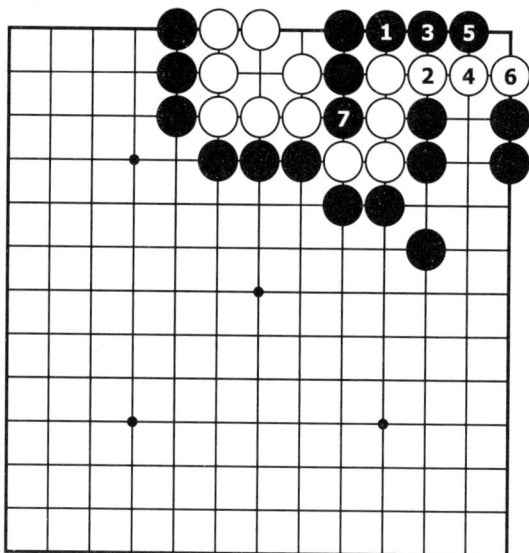

错解

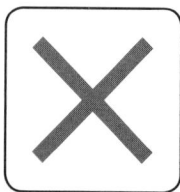

黑 1 选择错误。白
2 以下可以做活。

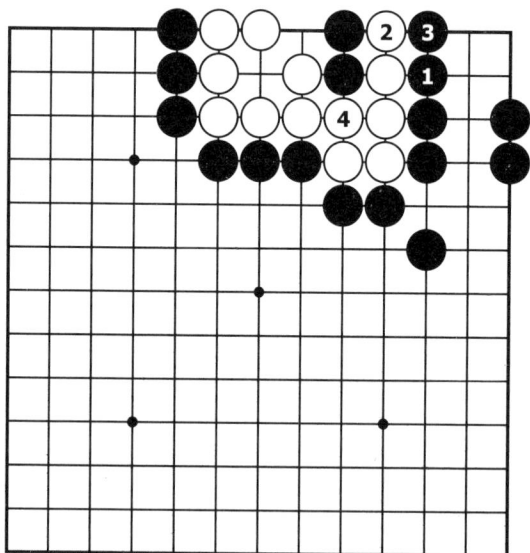